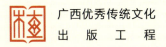

广西优秀传统文化
出版工程

"考古广西"丛书

# 靖江藩王的遗韵

韦 革 曾祥忠 著

扫码获取更多资源

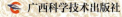
广西科学技术出版社

·南宁·

**图书在版编目（CIP）数据**

靖江藩王的遗韵 / 韦革，曾祥忠著 . -- 南宁：广西科学技术出版社，2024.12.--（"考古广西"丛书）.
ISBN 978-7-5551-2343-9

Ⅰ. K296.73

中国国家版本馆 CIP 数据核字第 202401SE40 号

## 靖江藩王的遗韵

韦　革　曾祥忠　著

| | |
|---|---|
| 出 版 人：岑　刚 | 装帧设计：刘瑞锋　阳玳玮　韦娇林 |
| 项目统筹：罗煜涛 | 排版制作：王玲芳 |
| 项目协调：何杏华 | 责任校对：吴书丽 |
| 责任编辑：陈诗英　秦慧聪 | 责任印制：陆　弟 |

出版发行：广西科学技术出版社

社　　址：广西南宁市东葛路 66 号

邮政编码：530023

网　　址：http://www.gxkjs.com

印　　制：广西民族印刷包装集团有限公司

开　　本：889 mm × 1240 mm　1/32

印　　张：5

字　　数：108 千字

版　　次：2024 年 12 月第 1 版

印　　次：2024 年 12 月第 1 次印刷

书　　号：ISBN 978-7-5551-2343-9

定　　价：32.00 元

# 总 序

  在中国辽阔的南方边陲，广西这片被自然与人文双重雕琢的神奇土地，自古以来便是中华民族多元文化的交流、交往和交融之地。它不仅是中华民族多元文化璀璨共融的见证者，更是文化的建设者和传承者。这里，山川秀美，草木葳蕤，河流纵横，众多民族在这里和谐共融、安居乐业，留下的丰厚历史文化遗产，成为中华文明不可或缺的一抹亮丽底色。

  在古老而又充满活力的八桂大地上，有无数珍贵的文化遗产。它们或隐藏于幽深的洞穴，或散布于辽阔的田野，或依偎在蜿蜒而过的河边，或深藏于繁华的闹市……这些宝贵的文化遗产，是社会发展轨迹和文明进程的缩影。它们不仅见证了广西悠久而辉煌的历史，而且还蕴含着古人的智慧和精神，是我们根系过去、枝连现在、启迪未来的重要财富，更是我们文化自信的重要来源。

  站在新的历史起点上，文化自信被赋予新的时代内涵和历史使命。党的二十大报告指出，要坚守中华文化立场，提炼展示中华文明的精神标识和文化精髓，加快构建中国话语和中国叙事体系，讲好中国故事、传播好中国声音，展现可信、可爱、可敬的中国形象。党的十八大以来，习近平总书记三次深入广西考察调研并发表重要讲话，充分体现了以习近平同志为核心的党中央对广西工作的高度重视和对八桂各族人民的深切关怀。2017年4月19日，习近平总书记在广西考察的第一站，就是合浦县汉代文化博物馆。习近平总书记在考察中指出，中华民族历史悠久，中华文明源远流长，中华文化博大精深，一个博物馆就是一所大学校。要加强文物保护和利用，加强历史研究和传承，使中华优秀传统文化不断发扬光大。广西优秀传统文化是中华文明宝库中的璀璨明珠，深受中华文化的滋养，同时又展现出鲜明的地方特色。广西优越的地理位置赋予了其独特的地位和重要的历史定位。自秦代以来，灵渠、海上丝绸之路的开通，使广西成为"北上中原，南下南洋"的交通要道。广西利用自身的地理位置优势承接了国家对外经济文化交流的重任，同时形成了独具特色的地方传统文化。广泛分布且各呈异彩的不同时代的文化遗产，承载着灿烂文明，成为今天见证历史，服务国家、民族发展大略，服务经济社会发展，凝聚民族团结之力，提升民族自信心的重要载体。

　　文化自信是一个国家、一个民族发展中最基本、最深沉、最持久的力量。2020年9月28日，习近平总书记在十九届中央政治局第二十三次集体学习时的讲话指出，"考古发现展示了中华文明的灿烂成就。我国考古发现的重大成就充分说明，我国在新石器时代、青铜器时代、铁器时代等各个时代的古代文

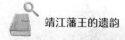

明发展成就上都走在世界前列，我国先民在培育农作物、驯化野生动物、寻医问药、观天文察地理、制造工具、创立文字、发现和发明科技、建设村落、营造都市、建构和治理国家、创造和发展文化艺术等各个领域都取得了令人赞叹的成就。这些重大成就展示了中华民族开拓创新、与时俱进、自强不息的进取精神，是蕴涵着丰富知识、智慧、艺术的无尽宝藏，是坚定文化自信的重要源泉"。广西自古以来便是多元文化共融的热土，其丰富的文化遗产是中华优秀传统文化的重要组成部分。为贯彻落实党的二十大精神和习近平文化思想，实施中华优秀传统文化传承发展工程，传承地方文脉，凝聚思想共识，增强文化自信，广西壮族自治区党委宣传部指导策划，广西出版传媒集团组织广西科学技术出版社编创团队编辑出版"考古广西"丛书。

"考古广西"丛书作为"文化广西""非遗广西""自然广西"等丛书的延续和拓展，被列入广西优秀传统文化出版工程。该丛书共10个分册，以翔实的考古资料和多位考古专家多年的研究成果为基础，全面梳理广西的考古遗存，以通俗易懂的语言和大量宝贵的图片，展示广西从旧石器时代至明清时期的最新考古成果和文化遗存，具体包括史前洞穴遗址、贝丘遗址，秦汉时期的城址，唐宋时期的窑址，世界文化遗产花山岩画，明代的靖江王府与王陵，明清时期的边海防设施，以及各时期的墓葬等。丛书集专业性、科普性、趣味性、可读性于一体，深度融合考古学、历史学、地理学、人类学、民族学、社会学等多学科的内容，高度凝聚考古专家多年的研究成果和心

总序

血，深入解读广西文化遗存蕴藏的厚重历史，生动展现广西考古、广西文物的时代价值，向世界传播广西声音，展现广西文化魅力，让更多人了解和认识广西，进而增强民族自豪感和文化自信。

提升公众保护文化遗产的意识和素养，传承民族的记忆与文化的精髓，不仅是每一位出版人的初心与使命，更是时代赋予我们的神圣职责。"考古广西"丛书不仅是对广西考古工作成果通俗化的全面展示，而且也是向世界递出的一张亮丽名片，让世人的目光聚焦广西，感受这片土地独有的文化韵味与魅力，以此增强广西的文化自信，提升广西在国内外的知名度和影响力，为广西的文化建设和社会发展注入强劲动力。"考古广西"丛书的出版还是深化全民阅读活动、提升公众文化素养的重要举措。它鼓励更多人走进历史，了解文化，感受古人的智慧与汗水，从而在心灵深处产生共鸣与回响，激发全社会对传统文化的兴趣与热爱。通过这一窗口，广西得以向世界讲述中国故事，展现中华文化的博大精深与独特魅力，促进不同文明之间的交流与互鉴。

"考古广西"丛书寻根探源，传承文化精髓。新征程上，我们以书为媒，共赴考古之约，让宝贵的文化遗产在新时代熠熠生辉，助力民族文脉薪火相传，为中华民族伟大复兴贡献文化力量。

丛书主编　林强

2024 年 9 月

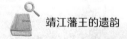

**勘探王墓现场**
跟随考古专家的脚步
揭开明朝王族历史的尘埃

**云游靖江王府**
抚摸府中的一砖一木
感受「桂林小紫禁城」的魅力

皇朝嫔妃
妖孽娆唯
王嫱嫣妹

**探秘藩王往事**
为你深度解读「朱守谦」
了解初代靖江王的非凡一生

扫码
考古 靖江王的

岁月印记

**加入在线论坛**
遇见志同道合的朋友
在文化交流中碰撞新观点

# 目 录

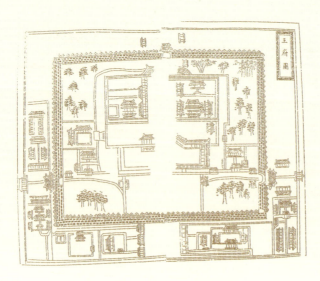

靖江藩王的遗韵

## 王府寻踪

## 王墓探秘

## 后　记

目录

扫码获取更多资源

# 综述：两座山的见证

　　桂林，一个被上天眷顾的地方，南宋文人刘克庄笔下的"千峰环野立，一水抱城流"就描绘了桂林的怡人景致。

　　桂林城中的山峦，多为喀斯特地貌的石山。这些山峰虽不算高耸，但山形奇特，千姿百态。其中，独秀峰孤峰耸立、位于城中央，山势陡峭峻拔，宛如鹤立鸡群，被誉为桂林群山之首。历史上，独秀峰下曾是文人墨客雅集之地。约1600年前，南朝文学家颜延之在此读书习文；唐代时，桂州（今桂林）刺史兼桂管防御观察使李昌巙（kuí）在独秀峰下创办了桂州学；宋代时，广南西路提点刑狱王正功在独秀峰前设宴，庆祝桂林乡试中举的学子，并赋诗《鹿鸣宴劝驾诗》。该诗被镌刻在独秀峰的岩壁上，诗中那句"桂林山水甲天下"使桂林在800多年前就声名远播，是桂林的绝佳广告词。

　　桂林城东是漓江，江水如玉带般自北向南蜿蜒而下。古时的城墙依江而建，向东眺望城外，视线所及之处便是尧山。尧山，原名辽山，是桂林城东北的天然屏障。与喀斯特地貌中簇拥的石峰不同，尧山是一座巍峨的土岭山脉，山势沿着漓江河谷自北向南绵延，冈峦起伏，峰峦叠翠，山中林木葱郁，生机勃勃。因山中建有尧帝庙，尧山最迟在唐代时便因此得名。尧帝庙中的神灵被认为十分灵验，声名远播，吸引了四面八方的香客前来朝拜，四季香火旺盛，曾是桂林城外的一处宗教圣地。到了冬日，尧山顶上寒风凛冽，白雪皑皑，可以欣赏到岭南地区罕见的雪景。元代吕思诚在《桂林八景·尧山冬雪》一诗中写道"尧山绝秀岭南天，雪压林峦飘素烟"，生动地描绘了这一景象。

明代的桂林成为一座藩王城，入驻了明代唯一非朱元璋子孙的皇族藩王靖江王。

洪武三年（1370年）四月七日，靖江王与秦、晋、周、燕等九王在同一天受封，其藩地就设在桂林。首位获得靖江王封号的朱守谦是明太祖朱元璋的侄孙，他尽管并非皇子，仅是一个二字封号的郡王，但享受到了恩赐的俸禄与属官的配置与秦、晋、楚、蜀等诸藩相同的"一切恩数与夫官属、规制"的待遇。

自洪武三年（1370年）首王朱守谦受封，并于洪武九年（1376年）前往藩地就藩起，至顺治七年（1650年），末代靖江王朱亨歅自缢殉国之时止，靖江王在桂林藩城共传承了十一世、十四位王，历时长达280年。在明王朝的皇族宗藩中，靖江藩王是延续时间最长、传位世代最多的一个。历代靖江王及其宗亲在桂林城中繁衍生息，形成了一个势力庞大的特权王族集团，对桂林城市文化的发展产生了深远的影响。可以说，明代桂林城的历史故事，无不深深烙印着藩王的痕迹。

# 南昌王
## 朱兴隆
### (？—1344年)
朱元璋长兄，洪武元年（1368年）追封南昌王，托为靖江王始祖。

# 靖江王
## 朱守谦
### (1361—1392年)
朱文正嫡子，洪武三年（1370年）封靖江王，十五岁就藩桂林。因暴虐获罪废爵，无谥。

# 大都督
## 朱文正
### (1336—1365年)
南昌王之子，追随朱元璋征战，官至大都督。后因居功自傲被幽禁，忧愤而终，未封爵。

# 庄简王
## 朱佐敬
### (1404—1469年)
朱赞仪庶长子。永乐九年（1411年）袭封靖江王。历经六帝七朝，在位五十八年，于成化五年（1469年）薨，谥庄简。天性孝友，聪慧有礼，崇佛尚道，喜好书法。

# 悼僖王
## 朱赞仪
### (1382—1408年)
朱守谦嫡长子。建文二年（1400年）继封靖江王，永乐元年（1403年）复藩桂林。永乐六年（1408年）薨，谥悼僖。为人谦恭谨慎，世称"贤王"。

# 恭惠王
## 朱邦苧
### (1513—1572年)
朱经扶庶长子，嘉靖六年（1527年）承袭靖江王。隆庆六年（1572年）薨，在位四十五年，谥恭惠。他笃神信道，自号眷仙坦人。

# 端懿王
## 朱约麒
### (1475—1516年)
朱规裕嫡长子，弘治三年（1490年）承袭靖江王。正德十一年（1516年）薨，谥端懿。他秀颖、仁孝，读书通达，好贤礼士。崇信道教，自号"朱事人"，以道十月。

# 怀顺王
## 朱相承
### (1427—1458年)
朱佐敬嫡长子。正统元年（1436年）封长子，天顺二年（1458年）病故，成化七年（1471年），其子朱规裕袭封王爵，为义泰乞封王爵。追封为靖江王，谥怀顺。

# 安肃工
## 朱经扶
### (1496—1525年)
朱约麒嫡长子。十二岁敕掌国事，正德十三年（1518年）袭封靖江王。嘉靖四年（1525年）薨，谥安肃。他聪慧好学、行事慎重、尊礼重法。

# 昭和王
## 朱规裕
### (1453—1489年)
朱相承嫡长子。成化七年（1471年）以故靖江王朱佐敬长孙承袭王爵，弘治二年（1489年）薨，在位十八年，谥昭和。

# 康僖王
## 朱任昌
### (1531—1582年)
朱邦苧庶长子，万历三年（1575年）袭封靖江王，万历十年（1582年）薨，谥康僖。在位期间，于独秀峰面石开山，建造亭台馆阁。

# 温裕王
## 朱履焘
### (1572—1590年)
朱任昌庶长子。万历十三年（1585年）承袭靖江王爵，万历十八年（1590年）薨，在位五年，谥温裕，绝嗣。

# 宪定王
## 朱任晟
### (1537—1608年)
朱邦苧庶次子。因靖江王朱履焘绝嗣，以辅国将军"摄行靖江王府事"。万历二十年（1592年）以叔继侄爵，封靖江王。万历三十六年（1608年）薨，谥宪定。

# 荣穆王
## 朱履祐
### (1561—1634年)
朱任晟嫡次子。他隐匿已故靖江王长子朱履样的，万历四十年（1612年）以庶夺嫡，篡取王位，袭封为靖江王。崇祯七年（1634年）薨，谥荣穆。

# 无谥号
## 朱亨嘉
### (？—1646年)
朱履祐庶长子，崇祯十一年（1638年）袭封靖江王。南明隆武元年（1645年）自称监国，隆武二年（1646年）被诛。

# 无谥号
## 朱亨歅
### (1592—1650年)
朱任晟嫡长孙，遭叔父朱履祐篡位，披隐匿身份幽禁二十余年。崇祯五年（1632年）补封镇国将军，南明隆武元年（1645年）册封为靖江王，永历四年（1650年）殉国。

**靖江王世系传承示意图**

综述：两座山的见证

桂林城中独秀峰和城东尧山，这两座山便经历和见证了这段传奇历史。

独秀峰下，便是昔日靖江王府的所在地。王府由宫城与府邸两大部分构成，是明代分封在靖江（今桂林）的历代靖江王的居所。王府外围筑有宫城，也称王城。宫城城墙高大规整，四面各开有城门，城门之上均建有木结构的楼阁式城楼，这些城楼均为重檐歇山式屋顶，覆盖着绿色琉璃瓦。宫城正南门外，遵循"左祖右社"的古制设有祭祀区；宫城内部则按照"前朝后寝"的布局来安排宫殿，其整体格局与北京的皇宫紫禁城颇为相似。值得一提的是，靖江王府的建造时间比北京故宫还要早34年，是明代最早营建的藩王府之一。然而，历经沧海桑田，独秀峰下昔日的宫殿早已在战火中化为乌有，被城市变迁的废墟所掩埋。如今，唯有王府宫城那依旧保存着青石砌成的城墙和森严的城门，以及宫城内残存的少许宫殿基石，默默地向人们诉说着那段长达280年的历史。

独秀峰与尧山

城东尧山的西麓，曾是历代靖江王"入土为安"的安息之地。这里共安葬了世代相传的 11 位靖江王。每座王墓均建有规模宏大的园寝。园寝内红墙绿瓦，高台飞檐，神道畅达，石仪仗威严肃立，高大的墓冢如同山丘般矗立，被苍翠的山林掩映着，显得庄严肃穆。

　　时过境迁，如今尧山脚下的王墓园寝建筑大多已沦为残垣断壁，散落在荒野之中。尽管如此，这些建筑的遗址仍保持着完好的历史风貌，仿佛在诉说着昔日的辉煌。每座王墓前，石仪仗依然井然有序地排列着，这一独特景观成为靖汀王墓的鲜明标志。

　　尽管这些王墓遗冢大多遭到了盗掘，但在地宫内残留的随葬品中，考古人员依然发现了大量的珍贵文物，其中最为引人注目的便是青花梅瓶。王墓区出土的明代梅瓶数量众多，品种繁多，世所罕见，因此有"梅瓶之乡，桂林一绝"一说。更为宝贵的是，在靖江王墓分布区内，还出土了五十多方墓志碑碣。这些墓志碑碣因文字内容的真实性和可靠性，成为研究历史的

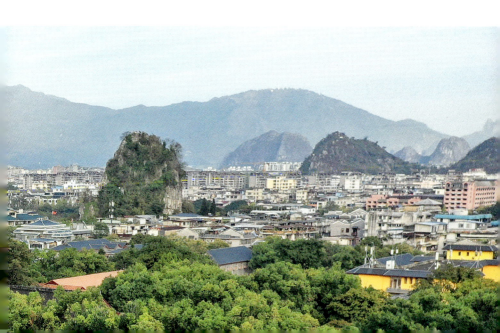

珍贵资料，为深入探究桂林地方历史、明代分封制度及藩王丧葬制度提供了极为宝贵的原始材料。

认识历史离不开考古学。中华文明是世界上唯一拥有五千年持续不断传承的文明体系，中国考古学不仅需要利用考古材料实证中华文明的起源，也需要通过考古材料来实证中华文明传承的完整性。随着考古研究的不断深入，从春秋战国到秦汉，从魏晋南北朝到隋唐，再从宋元到明清，各个历史时期的考古材料层出不穷。昔日"古不考三代以下"的观念已被摒弃，取而代之的是"考古发现离我们的时代越近，对我们的影响越深"的新观念，这一观念极大地拓宽了考古研究的视野。至此，即便是距今仅数百年的明代考古，也开始逐渐崭露头角，受到越来越多人的关注。

桂林独秀峰前的靖江王府与尧山脚下的靖江王墓，作为重要的明代遗址，如今已成为桂林最为壮观的历史文化遗迹，吸引着考古工作者对其进行深入的发掘与研究。随着考古工作的不断推进及考古研究的持续深入，靖江王的诸多未解之谜，在考古工作者实地调查、深入勘探及努力发掘下，通过持续的探索与求证，逐一得到了解答。那些尘封在历史中的神秘面貌，正逐渐清晰地展现在世人面前。

在独秀峰前与尧山脚下，持续涌现的考古新发现不断丰富着桂林历史文化的底蕴。在这片古老的土地上，每个角落都蕴藏着故事，每块石头都铭记着过往。当我们徜徉于桂林的绝美山水间，漫步于古城的街巷中时，不妨放慢脚步，细细感受这甲天下山水间所蕴含的深厚历史与文化韵味。

# 俾王靖江

　　"俾王靖江"是明代开国皇帝朱元璋封建皇侄孙朱守谦为郡王时册文中的词句。靖江指的就是桂林。

　　靖江王以郡王的身份享受着亲王建藩的待遇，从京师举族南迁落籍桂林。他们占据桂林城中核心的位置，建王府、筑王城，使桂林成为一座皇族坐镇的藩城。他们世袭罔替，与国同休，传承了280年，在桂林城中烙下了深深的藩王印记。然而，他们还是摆脱不了改朝换代的命运，荣华富贵终成过眼云烟。

# 朱元璋的家事：封建诸王

◆ ▶◀ ◆

洪武三年（1370年），明代的开国皇帝朱元璋举办了一场别开生面的"封王大典"，就像是给他的孩子们分发"王位礼包"。除了早早就被立为太子的朱标，他又给九个儿子都封了王，依次是秦王樉、晋王棡、燕王棣、吴王（改周王）橚、楚王桢、齐王榑、潭王梓、赵王杞和鲁王檀。发生在明代初年的这一件大事，影响了无数人的命运。

在这场盛大的皇子封王大典中，有一个特例。在亲生骨肉之外，朱元璋特别优待了他年仅八岁的侄孙朱守谦，册封他为靖江王。

### ◆ 什么是"封建"？

说到"封建"，你可能会想到历史课本里讲的"封建社会"，但这里的"封建"其实是另一个概念。在古代，封建指的是"分封建国"，也就是天子把土地和爵位赐给子弟或功臣，让他们在封地建立"邦国"。

最早的"封建"记录可以追溯到商朝，《诗经》记载了商王武丁兴师讨伐荆楚的故事。后来，周天子把分封制度发挥到了极致，把亲戚朋友一同分封，目的是让各个诸侯国之间互相制衡。那个时候，天下只有一个土，那就是天子。

然而，随着时间的推移，诸侯们逐渐膨胀，搞得连天子都压不住场面，反而失去了话语权。诸侯们争先恐后给自己戴上"王"的头衔，于是出现了"称王称霸"这个词。原本只是一方诸侯的秦王嬴政，在"称王称霸"的战争中取得胜利，赢得了天下，自称"始皇帝"。天子的专属称谓自此由"王"变成了"皇帝"。

为了避免再有"称王称霸"的事情发生，秦始皇果断废除了分封制，改而推行郡县制，彻底打破了诸侯割据的局面。这一变化宣告了封建制度的衰落，标志着中国进入了中央集权的帝制时代。

不过，当上皇帝的人，总是要照顾自己的亲属，这是人之常情。封建制度虽然没落，却并没有消失。汉代，刘邦把秦始皇废弃的"王"作为一种爵位，封给同姓，还给了他们封土建国的权力，最后酿成"七国之乱"，天下动荡。西晋更甚，按血统亲疏设计了亲王、郡王两个等级大肆分封，把完整统一的国家搞得一片混乱。为了防止类似问题，后来各朝封建都实行"虚封"，即封王只给名号，不给封地实际管理权。

朱元璋建立明王朝后，同样用"封建"的办法来安排自己的儿孙，封嫡长子为太子继承皇位，封其他皇子为亲王。但他又顾虑重重，既担心这些封了王的皇子留在京城会威胁太子之位，又担心驻守在外的武将拥兵自重，于是他就把这些封了王

俾王靖江

的皇子通通赶出了京城，让他们领兵去镇守边塞重镇或重要城市，这就是所谓的"藩王"。这些藩王世世代代不能离开藩镇之地，就好像在京城之外种了一圈生根的篱笆。

结果是显而易见的，朱元璋死了没多久，拥有兵权的燕王朱棣就造反夺了皇位。朱棣是个头脑清醒且杀伐果断的人，他当上皇帝后，直接削掉了藩王的兵权，不允许藩王以任何方式染指朝政和地方治理。从此，明代的藩王变成了无权无势的"悠闲贵族"。

### ◆◇ 靖江王朱守谦是何许人也？

受封为靖江王的朱守谦，论血统并非朱元璋的直系子孙，论辈分他得叫朱元璋的皇子们为堂叔。按常理，这样的身份根本不可能与朱元璋亲生的皇子们相提并论。他凭什么得到朱元璋的青睐和恩宠，与皇子们平起平坐，这背后到底藏着怎样的故事？

朱守谦能享此殊荣，要从他的家世渊源讲起。

按古代的宗法观念，长子才有家族继承权。朱守谦的爷爷朱重四（即朱兴隆），是朱元璋的亲大哥。即便朱元璋当了皇帝，父辈延续香火的重任也要落在朱重四的身上。可惜朱重四早早就去世了，朱元璋当皇帝后把他追封为南昌王。

朱重四的儿子叫朱文正，是朱元璋的亲侄子。叔侄二人年纪相差不大，从小一起长大，关系极为亲密。在跟随朱元璋逐鹿天下的过程中，朱文正表现出优秀的军事才干，立下了赫赫战功，被朱元璋委任为"大都督府大都督"，相当于朱元璋的

"国防部部长"。然而，正所谓"功高震主"，朱文正最终被朱元璋猜忌，锒铛入狱，郁郁而终。

朱文正的儿子朱守谦，当时年仅四岁。按宗法关系算起来，朱守谦可以说是朱元璋父亲的嫡传血脉。朱元璋可不敢断了父亲的香火，于是将这个侄孙带在身边抚养，悉心呵护。

按照规矩，朱守谦应该继承爷爷南昌王的郡王爵位。只是当时天下初定，事务繁多，为这一根独苗弄一个典礼，还要单独为他制定待遇标准，实在是麻烦，不如就让他和皇子们一起受封了。

一般而言，王号是和封地对应的，如果朱守谦继承的是南昌王这一爵位，那他的封地就应该在南昌。南昌曾经是朱守谦父亲立下赫赫战功却遭猜忌的地方，这里离京师南京太近了，地理位置至关重要，让朱守谦镇守在这里怎么能让朱元璋放心呢？位于广西的静江府偏安一隅，就让他去那里帮着镇守岭南之地吧。于是朱元璋就在皇子们的亲王册封典礼上，破例添上了朱守谦的名字，待遇标准也参照皇子执行，封为靖江王，静江府也由此更名为靖江府。

### ◆ 封王的凭证：金册金宝

封王可不是光凭嘴上说说，还得有"身份证"和"官印"作凭证。朱守谦被封为靖江王，也破例得到了与亲王相同的金册金宝。

金册是册封的正式文书，每一位亲王都有属于自己的一份，相当于王爷的"身份证"。而金宝则是象征权力的印章，是随

俾王靖江

王位世代传承的传国之宝，只有拿着金宝，王爷才能在封地发号施令。

亲王的金册金宝长什么样呢？明代文献记录得非常详细：金册金宝都是由实打实的黄金铸造而成的。金册是两片纯金片，每片长24厘米、宽10厘米、厚0.5厘米，边上打孔，用红色的绶带把两片金片系在一起，可以像书本一样开合，册封的文字用楷书镌刻于金片上。两片金册打开，大概只比高中的课本短一点。金宝是边长11厘米、厚3厘米的正方形印章，印章上方趴着一只金龟，因此被称为"龟钮方印"。在中华文化中，乌龟一直被视为长寿和稳定的象征，将它用于亲王的传国之宝上，显然寄托了长治久安的愿望。

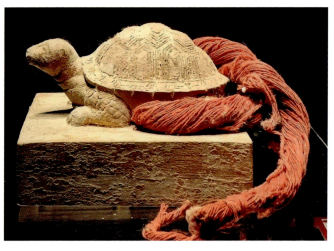

明鲁王墓出土的金谥宝

虽然这两片金册展开还没有高中的课本大，但是其重量却接近 3 千克。金宝的重量更是惊人，达 9 千克。仅仅按黄金重量来计算，这套行头就值现在的数百万元。光是"身份证"和"官印"就如此价值不菲，这可不是一般郡王能享受得到的待遇。

不过，朱守谦的好运并没有持续多久。在洪武十二年（1379 年），他就因犯错被朱元璋废除了王位，连金册金宝也被收缴。从此他失去了身份和地位，被剥夺了所有荣光，至死也没能恢复靖江王的头衔，重返封地。

朱守谦毕竟是朱元璋父亲嫡传的香火，虽然朱守谦本人被剥夺了爵位没能东山再起，但是靖江王的封号仍然被保留了下来。或许是朱元璋留下了优待这个侄孙家族的祖训吧，建文二年（1400 年），朱守谦的嫡长子朱赞仪继承了靖江王的爵位，继续享受着使用金册金宝的亲王待遇。

靖江王的金册金宝早已消失于历史的长河中，令人唏嘘。不过现代考古发掘让我们亲眼看到了明代其他亲王的金册金宝实物，这也算是弥补了遗憾。四川省的考古队在彭山江口明末战场遗址所在的岷江河道内陆续发现了被张献忠劫掠而来，战败后沉入江底的明代亲王金册金宝。这些沉入江底的珍贵文物，成了历史的见证，既向我们展示了那个时代封建王侯辉煌与权力的象征，又仿佛在诉说着那个时代贵族荣光的没落与消逝。

俾王靖江

# 靖江王的封地和职责

◆▶◀◆

历代靖江王的金册实物都没有流传下来，我们无从知道每封金册上面錾刻了什么内容。只有当年朱守谦被封为靖江王时的册文被史官记录了下来，其中有"俾王靖江，以镇广海之域"这么一句话，是整篇册文中的关键句，意思是说，朱守谦被派去"靖江"这个地方当王，负责镇守南方的"广海之域"，它清楚地注明了靖江王的封地和职责。那么，"广海之域"是指什么地方？"靖江"又到底是哪里？

## ◆ "以镇广海之域"就是一句空话

广海之域，也就是岭南地区，包括今天的广东和广西。这里东南临海，西接云贵高原，北靠五岭山脉，中间山脉纵横，河流交错，就像一个独立封闭的小世界。在古代这里曾被称为"百越之地"，部族众多，物产丰富，尤其是各种奇珍异宝，令人向往。但这里山高林密，交通阻隔，不仅有瘴气毒蛇，还有些让人不寒而栗的猛兽出没。总之，这里就像《指环王》里的"幽暗密林"，是个神秘又复杂的地方。

秦代时，秦始皇派大军修建了灵渠，沟通了长江水系和珠江水系，构建了通往岭南地区的水路交通，征服了这片神奇的土地，把岭南并入秦的版图。到了汉武帝时，大将军路博德打败了秦朝旧将赵佗在这里建立的南越国，重新将岭南纳入中央政权的版图，并把岭南统治的中枢定在了苍梧郡，还专门在如今的梧州新设了广信县，以示对重新回归的岭南"广施恩信"。从这时开始，"广"就成了岭南的代称。岭南的东南方是茫茫大海，因此用"广海之域"来代表整个岭南。后来岭南以广信为界分成东、西两部分，这就是如今广东、广西的来历。

兴安灵渠

那么靖江王册文中所谓的"以镇广海之域"，是不是指他行使职权的范围包括了广东和广西呢？其实这不过是一句空话。朱棣登基之后，朝廷对各地藩王实行了严格的限制，藩王不仅丧失了军权，不能插手地方治理，甚至连走出王府透透气都要朝廷批准。藩王成了皇家在地方上的摆设，日常除了定时接受地方官员的朝拜，也就只能处理一些家庭琐事了。

不过，历代靖江王虽然无所事事，但是始终记挂着自己那虚无缥缈的责任。尤其是第八代靖江王朱邦苧，还专门篆刻了两枚印章钤印在自己的书画作品上，印文分别是"世守靖江"和"永镇广海"。

"世守靖江"印章

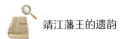

"永镇广海"印章

### ◆ "靖江"就是如今的桂林

"俾王靖江"中的"靖江"指的地方就是如今的桂林。在苍梧郡设广信县的同时，汉武帝还在灵渠的南边新设了始安县，目的就是在连通灵渠的漓江边，建立沟通中原与岭南的水运枢纽。虽然现有考古材料尚不能证实最早的始安县城具体地点在哪里，但是最迟在汉晋之后的南朝，始安县城就是如今的桂林，始安县是桂林最早的行政建制。

到了隋唐时期，桂林的地位逐渐上升，始安县升格成了桂州，相当于小县城升格成了地级市。唐代武则天当政的时候，桂州开凿了一条人工运河，把漓江和柳江连接起来。那时的桂林虽然没有现在这么繁华，但是凭着优越的地理位置，成了岭

俾王靖江

南和中原沟通的桥梁。桂州像是古代的"超级物流中心",北边控制着湘江和漓江的水运通道,南边顺着漓江既可直接向东去往苍梧、广州,又可通过运河去往柳州、象州。

如此重要的一个州城,必须派遣军队驻守,于是中央王朝就在桂州组建了一支部队。这支部队主要职责是扼守桂州范围的内江河水道,因此被命名为"静江军"。部队总部设在桂州,首长称静江军节度使。

南宋开国皇帝宋高宗赵构就曾经担任过静江军节度使,但只是挂了一个没有到任的虚职。他登基称帝后,用原先"静江军"的名称将桂州升为静江府。地级市摇身一变成了省会,成为广西军政、文化和经济的中心,号称"西南会府"。

明代的开国皇帝朱元璋显然看中了当年静江府的重要性,决定把这里分派给侄孙朱守谦,把"以镇广海之域"的重任交给他。为了讨个吉利彩头,朱元璋还特意把静江府的"静"改为代表安定的"靖",封朱守谦为靖江王,让他守护这片神秘岭南之地的安定。

说起来也很尴尬,就在册封靖江王之后两年,人还没就任,封地又改名了,朝廷把靖江府改成了桂林府。总不能又儿戏般把王号也改成"桂林王"吧,于是靖江王的名称被沿用了下来,王府就设在桂林。

北宋"桂州静江军"摩崖石刻

南宋"静江府大都督"摩崖石刻

俾王靖江

# 桂林的"小紫禁城"

◆▶◀◆

### ◆ 独秀峰是个好地方

王府的选址可不是随随便便定的。当时的"建设部部长"即工部尚书张允亲自为靖江王府找到了一个好地方——独秀峰。他认为独秀峰在府城里的地理位置很合适，正好处于府城中心，就像一根"定海神针"。把王府建在这里，符合"王居国中"的礼制要求。

张允还为独秀峰选址找了很多理由，他向朱元璋汇报说：别看独秀峰只是一座高不过百米的小山，却是桂林城中的"风水宝地"，历朝历代好多名人都对这里青睐有加。

独秀峰的名字是南朝始安郡太守颜延之叫出来的。颜太守不仅能做官，还写得一手好文章，诗词歌赋更是不在话下，和陶渊明还是好朋友。他特别喜欢在独秀峰下读书吟诗，认为那里可以萌生岭南的文脉。

独秀峰

唐代的大将李靖，那可是号称"战神"的人物。他出征岭南，路过桂州的时候也看中了独秀峰，认为独秀峰像一顶乌纱帽，有官相。他在独秀峰下建立了子城，把官署衙门都设在子城当中。

独秀峰还特别有利于大明国运，被撵去大漠里的元顺帝妥懽帖睦尔就在两个月前去世了。元顺帝当皇帝前被流放到静江，就寄寓在独秀峰下的报恩寺。他认为是独秀峰给他带来了好运，助他登上了皇位，就给独秀峰赐名"万岁山"，还派人修建了一座万寿殿，如今万寿殿还有僧人在打理。如果把这万寿殿改成靖江王府，省工省钱不说，还能破了残元的气运。张允这一番解释让朱元璋很满意，尤其是元顺帝的典故让他龙颜大悦，当场拍板决定将靖江王府定在独秀峰前，把元顺帝的万寿殿给改了。

洪武五年（1372年）靖江王府正式动工建设。四年后，靖江王朱守谦就搬进了他的府邸，成为明代第一个就藩的王爷。不过，朱守谦的命运并不顺利，他只在王府中住了三年就被召回了南京，被剥夺了王号并且贬为庶人，桂林府城中的靖江王府也因此空置了很长一段时间。

### ◆ 靖江王府也有竣工图

朱守谦去世后，他的嫡长子朱赞仪继承王位，空置的靖江王府得以重建。当时主持编撰《桂林郡志》的桂林府教授陈琏正好亲身经历了这次王府的修缮工程，根据他的记录，重修后的靖江王府焕然一新。他还绘制了一幅《王府图》，就像今天的

建筑竣工图一样，记录了王府的完整布局。

　　靖江王府由一座用巨石和青砖砌成的城池围护着，这个城池内是王府宫城，简称"王城"。王城坐北朝南，既是遵循自然规律的优良设计，也是古代"面南称尊，面北称臣"思想观念在建筑礼制中的体现。偌大的王城里面只住着靖江王一户人家，它就像桂林府中的小紫禁城，任何人不得随便进出。

　　王城的四面各有城门，每个城门都有不同的名字：南门叫"端礼"，北门叫"广智"，东门叫"体仁"，西门叫"遵义"。

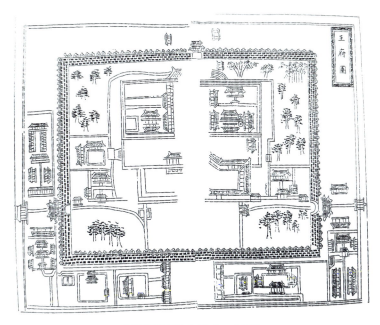

《桂林郡志》中的《王府图》

这些名字都是朱元璋亲自选定的，以体现"仁、义、礼、智"的古训，使藩王身居各地王城之中，能够顾名思义，注重修养，不忘藩屏帝室的重任。城门台上都建有城楼，从《王府图》上来看，是两层的楼阁式建筑。

王城的城墙并非靖江王府的边界，王城之外还有一道矮墙，这才是靖江王府地盘的最外围。这道矮墙就是成语"祸起萧墙"中的萧墙，王府的各种物资仓库和隶属于王府的官衙及护卫的办公区、宿舍区很多都设置在萧墙之内。萧墙是红色的，在对应四个城门的位置立着牌坊，称为棂星门。按现在桂林的城市布局，靖江王府的地盘北面以凤北路为界，南面直抵解放东路，东面超过中华路，西面靠近中山路。

端礼门外萧墙之内是王府的祭祀区。左边的宗庙是供奉和祭祀祖先牌位、衣冠的地方，象征着血脉传承、延绵不绝。右边的社稷坛是祭祀土神和谷神的场所，象征国土安定，五谷丰登。这样的布置称为"左宗右社"，代表了靖江王封藩建国的根基。

王城之内才是王府。王府按"前朝后寝"分为两个部分，各自都有独立的围墙围护。"前朝"部分属于办公区，包括承运门和承运殿。"后寝"部分是生活区，称为王宫。这里是整个王府中建筑最密集的地方，王宫门内不仅有靖江王的寝殿，还有许多小院宫室供靖江王妃嫔和未成年子女生活居住。

王宫之外是靖江王一家休闲游玩的苑囿，《王府图》上东西两侧宫墙之外画的是树林和竹林。独秀峰和月牙池在北宫墙之外，正对着王城广智门，这也是王府苑囿的范围。

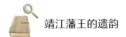

或许陈琏也没有料到，他当年绘制的这幅靖江王府竣工图，会在 600 多年后成为靖江王府考古调查的重要依据和最佳指南。

### 把户籍迁来桂林府

朱守谦死了之后，留下了九个儿子。他的嫡长子朱赞仪为人低调，处事谦虚，知书达礼，温文尔雅，还懂得感恩，不乱发牢骚。年迈的朱元璋对他很器重，封他为"靖江王世子"。明建文二年（1400 年），朱允炆把靖江王封号赐还给了他。

两年后，燕王朱棣上演了一场"靖难大戏"，坐上了龙椅，年号换成了永乐。他一纸令下，朱赞仪就乖乖地带着八个兄弟，打包行李举族南迁，重返桂林的靖江王府。从此，靖江王这一脉的朱氏家族在桂林这片土地上扎下了根。

朝廷派遣了许多亲兵护卫护送朱赞仪九兄弟南下，这些护卫也随着靖江王在桂林定居下来，朝廷还给他们分了田地。现今的桂林市兴安县南塘村就是由靖江王的护卫定居并逐步发展起来的村子。村里有一块永乐年间的古碑——遗嘱碑，上面记录了两个江苏无锡人因护驾靖江王有功，朝廷奖励他们大片土地，让他们把户籍从老家迁到这里的故事。

从朱赞仪开始，靖江王室算是安稳了下来。王位像接力棒一样在这个宗族当中传接，伴随着明王朝的兴衰，一晃就是两百多年。每一任靖江王死了之后，朝廷都会对其进行评价，也就是赐予谥号。比如朱赞仪的谥号是"悼僖"，"悼"是指夭折、早逝，"僖"则表示恭敬、谨慎、无过错。"悼僖"算是对朱赞仪短暂一生的惋惜和赞誉，有点盖棺论定的意思。

俾王靖江

兴安县南塘村遗嘱碑

历史上共有 14 位靖江王，首位靖江王朱守谦被废为庶人，失去了赐谥号的资格，最后两位靖江王陷于改朝换代的战乱当中，也没有谥号，其余 11 位按先后顺序分别是"悼僖""庄简""怀顺""昭和""端懿""安肃""恭惠""康僖""温裕""宪定""荣穆"，这样能让后人能更好地区分靖江王的世系传承。

### ◆ 王府劫难和废墟改建

靖江王府的命运与大明王朝密切关联。随着大明王朝的崩塌，靖江王府也开始风雨飘摇，最终化为一片废墟。

崇祯十七年（1644年），李自成攻陷北京，崇祯皇帝自缢于紫禁城外的煤山上。随后清兵入关，横扫中原，那些原本坐享荣华富贵的皇室子孙要么被屠杀，要么往南逃。

国不可一日无君。从洛阳逃到南京的福王朱由崧得到明代遗老遗少们的拥戴，自称弘光皇帝，组建了南明政权。一年之后，清军攻陷南京，弘光政权覆灭。逃到福州的唐王朱聿键又被推举为"隆武皇帝"，成为南明的第二位皇帝。

此时的岭南还没有受到攻击，局势相对稳定，这让身处后方的靖江王朱亨嘉起了野心。他认为自己也有机会当老大，便在桂林上演了一场名不正言不顺的"监国"戏码。广西巡抚瞿式耜联络掌握岭南兵权的两广总督丁魁楚派兵攻入桂林，随即把朱亨嘉给绑了。

进入桂林的南明军队为军饷无着落而烦恼时，对靖江王府进行了彻底的搜刮，把王府中积累了14代的家底抢掠一空。这是靖江王府经历的第一场浩劫。

五年之后，清军的铁蹄踏到了桂林，被南明扶上马的朱亨歅成了靖江王的"绝唱"。随后，投降于清王朝的明末将领孔有德全面接管了靖江王府，并将其改为清政府的定南王府。至此，靖江王府280年的历史画上了句号。

又过了两年，占据桂林的孔有德被抗清的李定国打败，无路可逃的他举火自焚，一把大火把王府烧成了废墟，这是靖江

俾王靖江

王府建成以来遭受的第二场浩劫，标志着这处藩王府邸历史的终结。尽管王城的城墙依旧屹立，但里面已不再属于某个特定家族的居所。

　　清朝时，这里是广西贡院，是科举考试的地方。王府废墟上兴建了5000多间号舍考棚，250年间举行了100场乡试，中试举人5075人，成就了无数广西才子们的梦想。从这里起步赴京国考的才子当中有殿试第一高中状元陈继昌、龙启瑞、张建勋、刘福姚，殿试第二（榜眼）于建章。其中临桂的陈继昌还成为中国科举史上最后一个"三元及第"获得者（乡试第一名"解元"、会试第一名"会元"、殿试第一名"状元"）。在当年靖江王城的端礼门、遵义门、体仁门上还留存有为表彰陈继昌、龙启瑞、张建勋、刘福姚、于建章科举成就的"三元及第""状元及第"和"榜眼及第"石坊。

"三元及第"石坊

"状元及第"石坊

"榜眼及第"石坊

民国时，广西省政府搬进了王城，这里成为广西的政治心脏。可惜，抗日战争的炮火又把这近300年的积淀摧毁了。抗战胜利后，广西省政府聘用著名建筑师钱乃仁规划设计，于1947年在王城内完成省政府重建，在原承运门台基上建起广西省政府大门门楼，在原承运殿台基上建起省主席办公楼，在原王宫残基上建起省政府礼堂，中轴线两侧则建起省政府各厅局办公楼。如今我们走进王城，所看到的都是那场艰苦卓绝的抗战胜利之后的重构，这片土地已经重新焕发了生机。

俾王靖江

靖江王府，虽然已成过往云烟，但它的兴废与变迁，却是这片土地永恒的印记。

黄旭初《重建广西省政府记》石刻

# 王府寻踪

　　时过境迁，沧海桑田，靖江王府朱墙碧瓦的宫殿庙宇早已在战火中消失无踪，唯有独秀峰下王府的宫城依然保存完整。甃（zhòu）以青石的王城方正坚厚，巍然雄浑的城台门洞深邃一如往昔。还有那石雕的承运门台基和承运殿宽大的勾栏须弥座还在向人们彰显着昔日的辉煌……

　　随着广西桂林明代藩王考古的不断深入，靖江王府地上的遗存和那些早已成为废墟、被掩埋在城市地下的遗迹遗物，正不断被发现和发掘，本已尘封在历史当中的靖江王府原本的面目正逐渐清晰地展现在世人眼前。

# 铜墙铁壁般的藩王城

◆▶◀◆

### ◆ 靖江王城的"矮"城墙

用城来做府邸的围墙，是明代建藩的亲王才能享有的特殊权利。靖江王虽然只是一个郡王，但在受封时得到了离京建藩的特许，因此也享受了这样的殊荣。

靖江王城的周长有 1784 米，占地面积 18 公顷，大约是北京故宫面积的四分之一，但它的规模还是没有达到明代亲王府宫城建设的标准。于是有人便以此作为靖江王身份低于亲王的证据，其实这个观点是站不住脚的。

明初，在建造首批藩王城时，注重的是因地制宜，对王城的大小并没有明确的规定，所以各地的藩王城的建设规模有大有小。后来，朱元璋意识到没有规矩不成方圆，随着受封皇子越来越多，如果藩王府的建设不能一碗水端平，那就容易造成兄弟间的纷争。于是他金口一开定下规矩：以后藩王府王城的规模以刚刚完工的山西太原晋王府为标准，超出多占以"僭越罪"论处。而这个时候，靖江王城已经建成并投入使用近三年了。

王城城墙内外壁用巨大的青石包砌，墙厚超过 5 米，城墙顶上的宽度通行一辆大货车都绰绰有余，略呈梯形的墙体使城墙更加稳固，显得敦厚坚实。城墙的高度也有规定，明代规定亲王王城的高度应为二丈九尺五寸（约 9.8 米），大约相当于现在的三层楼房高。然而，靖江王城远没有达到这个标准，令人感到疑惑不解。

　　考古调查发现，王城城墙顶上的砖砌女墙已经损毁。女墙是指建在城墙顶部内外两侧的薄型挡墙，内侧女墙称宇墙，外侧女墙称垛墙。这是古代城墙必备的传统防御建筑，是城墙上

王城城墙

防护和御敌的屏障。朝外的垛墙要超过普通人的身高。另外，考古人员还发现王城城墙有近 1 米的墙根被掩埋在地下，这是桂林城多次被毁后的城市废墟堆积造成的。

经过从上到下的勘查和考证，靖江王城的实际建筑高度应该接近 8 米，仍比亲王规制的低矮一些，但是差距已经没那么明显了。

### ◆ 城墙里夯填的不仅仅是土

靖江王城已有近六百年的历史，它不仅经历过明末清初改朝换代的反复争夺，也经历过抗日战争中现代炮火的洗礼，如今的城墙依然端正平直，稳重牢固，保存完整，无疑是真材实料、质量上乘的良心工程。这堪比铜墙铁壁的靖江王城，究竟是如何营建的？城墙下有没有坚实的基础？青石砌筑的墙壁里面又隐藏着怎样的结构？通过考古勘探，已经找到了这些问题的答案。

靖江王城并非简单地堆土垒石平地而起，营建工程的第一步是要落地生根打基础。首先要按城墙的厚度深挖基槽，再用砖石泥土分层夯填。这种开基槽分层夯填基础的做法，在中国古代被广泛运用于城墙及高等级宫殿等重要建筑的建设中。

靖江王城的基础是施工队在铺设管道施工时偶然发现的。当时，施工队在城墙根挖了一条深 1.8 米的沟槽。从沟槽断面能清晰看到城墙基础的做法是一层砖一层黄泥交替夯筑，仅暴露部分就有 18 层之多，有的夯层还添加糯米和石灰，使得基础更加结实致密，坚如磐石。由于当时不是主动勘探发掘的，城

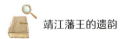
靖江藩王的遗韵

墙基础的深度无法确定，但根据明代其他王府的考古发掘材料推测，靖江王城城墙地基深度应该在 4 米以上。

城墙的构造并非想象中的土墙包石那么简单，它是以石为骨架，逐层浇筑石灰来夯填黄土的结构。墙体下半部用较大块的片石垒砌多层，全部用石灰浆浇筑黏合。这种做法使石块间

施工中发现的城墙基础（贺战武供图）

王府寻踪

保持有较大的空隙，便于雨水下渗并向外排出。墙体上半部则用一层石块一层掺了石灰的黄土逐层夯筑，总共有 10 层之多。无论是城墙基础还是墙体结构，靖江王城的构筑方法远比普通城池筑墙的要复杂得多，虽然耗工巨大，但是异常稳固。自洪武九年（1376 年）建成以来，靖江王城虽经历无数战火，却依然屹立不倒，保存完整，这充分体现了明代王府营造工匠的智慧与技术。

维修工程中发现的城墙内部结构（贺战武供图）

### ◆ 抽丝剥茧寻找城楼遗迹

王府宫城四面城门的城台都还算完好，与城墙一样用巨大的青石条包砌。端礼门是王府的正门，有三个城门洞，因此城台最为高大。其他三座城门各有一个城门洞，城台略小。

城台上原本都建有城楼，陈琏所绘的《王府图》虽然已经残破，看不出南北中轴线上的端礼门和广智门的模样，但是东面的体仁门和西面的遵义门却很清晰，两座城门楼都是重檐歇山式楼阁建筑，十分气派。

古代战争中的城池攻防，都是以城门为攻守的焦点，因此城门台上的城楼总是被视为攻击的重点，难以完整保存。靖江王府宫城的四座明代城楼早已在明清改朝换代的战火中毁灭。尽管清代和民国时期都曾尝试重建，但这些城楼最终还是未能摆脱塌毁的命运。如今，能见到的仅有 1947 年民国时期广西省政府重建的广智门城楼。广智门城台在抗日战争期间遭受了日军飞机的轰炸，门洞券拱塌毁，原本完整的城门台被炸成了两截。1947 年重修时，由于施工复杂，原来的拱券结构并未得到恢复，断成两截的城台被改建为左右门墩，原本拱券门洞亦改建成了方形的门道。依托改建后的门道，上面新建了城楼。新建的城楼不再是中国古代传统的木柱承重结构，而是砖墙承重结构，用砖砌外墙，以砖墙承木梁架的单檐歇山黑色瓦顶，砖墙表面批灰涂黄色，墙上开门窗，饰以红色油漆，整体带有显著的民国时期中西合璧的风格，别有一番风味。

城台上还能找到当年城楼的遗迹吗？ 2015 年 11 月，考古人员在端礼门和遵义门城台上进行了考古勘探与试掘。其实在

王府寻踪

靖江王城端礼门（周有光摄）

民国时期重建的广智门城楼

城台上的考古发掘是一种挑战，且不说城楼数遭损毁是否还能发现遗存之类的问题，光是城台之下砖砌的拱券门洞就已经有600多年的历史，一旦发掘工作对它的结构造成破坏，那将是考古人员难以承担的重大责任。

考古勘探与试掘的重点是端礼门城台。城台上还残留有民国时期的城楼台明和残墙遗迹，没有石柱础，看不出中国古代传统建筑的柱网布局，是典型的近现代砖墙承重的建筑做法。

考古队采取先局部再扩展的策略进行试掘，先在这处民国时期城楼台明西北角开挖三个小探沟，了解端礼门城台上的地

层堆积状况。揭开台明地表的铺砖，下面是混杂着碎砖瓦的台明填心土层。把填心杂土清理干净后，一条更早的建筑墙基呈现在眼前。墙基遗址里竟然有一个完整的覆盆形柱础和一些柱础碎石块，伴随柱础出土的还有少量明代绿釉琉璃板瓦、琉璃筒瓦及琉璃脊兽残件。这块硕大的柱础和残碎的琉璃瓦构件都是典型的明代官式建筑用材，无疑是明代靖江王城城楼的遗物。

考古队员们很兴奋，但没有轻易地下结论。他们仔细辨识发现，这些柱础和琉璃瓦构件明显是被作为填充物零乱地堆砌在建筑基槽里的，这一层基槽应该是清代城楼的基础，而个是最初的明代城楼遗迹。

考古队员们拍照绘图，做好记录之后继续下挖。然而，直到碰到城门拱券顶部的砌砖，除了城台内填充夯实的纯净黄土，再没有新的发现。难道就没有一丝明代城楼基址的痕迹了吗？

通过探沟试掘，考古人员确定城台结构是稳定的，可以扩大发掘区域。于是决定把残留地表的民国台明全部揭开进行整体发掘。经过数天细致的清理，又发现了四个位移后填在清代城楼基址里的覆盆形柱础和大量明代绿釉琉璃瓦残碎片。这些挪移和破损的明代城楼遗物已经很明显地证明了明代城楼的存在，可还是没有发现城楼的原位遗迹。

就在大家略感遗憾的时候，一片结实的三合土层被揭露了出来。这层三合土延伸到了被认定的清代基址之下，呈现明显的叠压关系。也就是说，清代基址是在这层三合土之上修建的，这层三合土就是明代的地面。考古人员对这层三合土进行了局部解剖，从解剖断面发现在三合土下居然还有五层夯土，这无

041

王府寻踪

疑是明代城楼的夯土台明遗迹。

考古发现虽无法完全重现过去，但能印证过往与变迁。经过一个月抽丝剥茧般的勘探和发掘，尽管考古发现的遗迹现象并不能完整清晰地呈现明代靖江王城城楼的基址原貌，但在城台上发现的明代、清代和民国三个不同时期相互有叠压打破关系的城楼建筑基址，证明了王城城楼经历过三个时期的塌毁和重建。而出土的石柱础和绿釉琉璃瓦构件，则进一步证实了被叠压在最底层的明代端礼门城楼为传统的木结构建筑，且按照亲王规制使用了绿釉琉璃瓦。

### ◆ 传说中的王府秘道

崇祯十七年（1644 年）三月，李自成攻入北京，崇祯皇帝在煤山自缢，大明王朝轰然倒塌。同年五月，福王朱由崧在南京登基，年号弘光，标志着南明时期的开始。一年后，清军攻陷南京，南明弘光政权覆灭。唐王朱聿键随即在福州称帝，年号隆武。他派人颁诏给靖江王，时任靖江王朱亨嘉不仅拒不接受，反而认为自己也有机会当上皇帝。

隆武元年（1645 年）八月初三，朱亨嘉居然身穿黄袍，自称监国，做起了皇帝梦。靖江王在明代宗室诸王当中谱系最远，按宗法观念他根本不具备继统的资格，自然不会得到遗老遗少们的认可和拥戴。仅仅一个月之后，拥戴隆武帝的两广总督丁魁楚派部下参将陈邦傅攻入桂林，活捉朱亨嘉，洗劫了靖江王府。次年四月，朱亨嘉在福建连江被处以绞刑。

在这场闹剧中，朱亨嘉不到四岁的儿子朱若极在太监喝涛

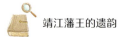

的护佑下逃出了王府。他辗转流离，最终躲入桂林全州湘山寺剃度为僧，取法名原济，字石涛。从此之后他置身佛门潜心书画，成为中国绘画史上的一代宗师，被誉为"清以来三百年间第一人"。

全州湘山寺石涛兰花石刻

王府寻踪

靖江王城城墙高大，除了四个城门并无其他出入口，在那个大兵围城、形势凶险的时刻，幼小的朱若极是如何逃出王府的成了一个谜。民间一直有王府秘道的传说，认为王子朱若极是由太监背着从王府秘道逃出桂林城的，然而这个传说一直没有得到证实。

20世纪80年代，在王城东墙外即如今滨江路与中华路之间的伏和巷附近，市政工程施工时在大约1米深的地下挖出了一段十几米长的石砌暗道。当时人们对文物遗址和考古发掘还没有概念，所以此事并未引发关注。

2000年，在相同路段，还是市政工程施工，再一次挖出了近20米的暗道遗存。这一次，桂林市文物工作队的考古人员反应迅速，第一时间赶到现场进行抢救性发掘清理。

这段石砌暗道呈东西走向，与王城城墙垂直相交。暗道向东延伸指向漓江边桂林古城池的伏波门，向西延伸正对着王城东城墙，穿过城墙对应的位置正是靖江王府的王宫门附近。

起初，有人认为这或许是古代桂林城内的排水道。可经过测量发现，暗道内高1.63米，这几乎是正常成年人的身高。暗道最窄的地方宽度有1.67米，最宽处达到1.8米，足以让三人并排通行都不觉得拥挤，古代桂林城需要有这么大的排水暗道吗？这个说法显然不合情理。

暗道采用纯料石砌筑，石料大都经过雕琢，工艺细致考究。两侧洞壁平整，顶部做成拱券形状，与王城城门洞相似。底部路面中间高两边低，形如龟背，这样有利于排水，确保路面不易积水。所有料石均用石灰黏合，这是典型的明代建筑工艺。

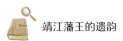

靖江藩王的遗韵

"这个路段从王城东城墙外侧算起，距离漓江大约 250 米，是王府与漓江相接最直接的路线。虽然没有完整地进行发掘清理，但从所揭露的遗迹综合判断，这就是传说中的王府秘道。"这是桂林市文物队在清理结束后，经过综合分析给出的权威结论，也为困扰了人们数百年的王子出逃之谜给出了令人信服的解答。

施工时发现的王府秘道（贺战武供图）

王府寻踪

# 埋在东西巷的宗庙社稷坛

◆▶◀◆

　　王城本就处于桂林城的中心位置，任何时候都是寸土寸金的地段。改朝换代后，王城外的萧墙被拆除，前朝的宗庙社稷更是被踩在脚下不得翻身。这片曾经的禁地很快被商铺、民房占据，成了新官府土地财政的重要来源。靖江王废邸改为广西贡院后，王城四周成了来桂林赶考的举子租住备考、文会聚集的最佳去处，并逐渐发展成繁华的商业街区，端礼门前东西两侧民房密集，这就是东西巷的渊源。

　　2013年，桂林市开始实施东西巷历史文化地段的保护、修缮与整治工程，旨在把东西巷打造成桂林历史文化旅游的一大亮点。

　　宗庙象征着血缘的延续，代表着祖宗基业的传承；而社稷则象征着土地与粮食，寓意着国家的长治久安。两者共同构成了靖江王城的精神象征。鉴于东西巷区域属于明代靖江王府宗庙和社稷坛的位置，地下很可能埋藏有重要的王府建筑遗址，因此在项目实施前，必须进行严谨的考古调查与勘探工作。

东巷拆迁现场

整治后的东西巷入口牌坊

王府寻踪

### ◆ 宗庙基础的做法是"满堂红"

2013年8月，受广西壮族自治区文物局委派，广西文物保护与考古研究所会同桂林市文物工作队组成联合考古队，首先进入东巷拆迁工地，开展靖江王府宗庙遗址考古勘探工作。

8月正是桂林天气最炎热的时候，东巷原来破旧的街区建筑拆除后，区域内堆满建筑废料，勘探区域根本无法使用探铲钻探的方法进行考古勘探，必须布设探沟进行试掘。探沟发掘必然要比探铲钻探费工费时，不仅工作量剧增，工期也必然拉长。

项目建设方和施工方因工程进度受到影响，对考古队进场十分抵触。他们责问考古队员：宗庙是个什么东西？建在王城的外面也算重要建筑吗？还威胁考古队员：如果考古勘探什么都没发现，耽误的工期就要考古队负责……甚至还有施工人员故意把挖掘机直接停在考古勘探区，大有一言不合就要用挖掘机推平工地来抢工期进度的意思。各种风言风语、明暗威胁给考古勘探带来了巨大的压力。

考古队员们并没有因此妥协，他们顶着各种压力，始终坚守考古工地，紧盯探沟，仔细分析揭露出来的各种遗迹现象和出土遗物。工间休息的时候，考古队员们耐心地向建设方的工作人员普及知识，告诉他们宗庙相当于家族的祠堂。祠堂是供奉祭祀祖先灵位的地方，是一个家族香火传承的根基。无论哪一个家族，祠堂都是全族最尊贵的地方。皇帝家也有祠堂，还有一个专门的名字叫"太庙"。靖江王是从皇帝家分支出来的，他家的祠堂就是宗庙，这是靖江王府最崇高的礼制建筑。听完

宗庙遗址发掘现场

考古队员们的解说，双方芥蒂才逐渐消除，建设方和施工方也不再故意刁难考古队员们。随着考古勘探的持续推进，各种遗迹现象不断出现。

"发现大量明代琉璃瓦残片，绿色的，还有屋脊脊兽残片。"

"发现宗庙围墙遗迹，是版筑夯土墙，外面包砌青砖，有红色批灰。厚度 1.7 米。"

"遗迹很清晰，可以顺着遗迹往两端找转角。"

"围墙到头了，这里就是转角的位置。"

王府寻踪

"拉皮尺测量，报数据。"

"正方形，边长 61 米。"

……

随着发掘工作的继续深入，在多处探沟又发现了厚 2.5～2.6 米的建筑基础，做法十分复杂。

首先要在地面挖深 2.5 米的大坑作为基槽，然后在基槽底铺一层片石，再回填一层挖出来的基槽原土并夯实。之后又加一层片石，再用基槽原土回填夯实。总共要做 4 层，总厚度为 1.4 米。

这还没完，在这片石灰土的上面改用碎青砖和基槽原土交替夯实，又是 4 层，厚达 1 米。最后在夯填层上还要铺一层 10 厘米厚的黄胶泥加鹅卵石，这是地面找平的垫层。

基槽坑经过 4 层片石灰土、4 层碎砖灰土和 1 层鹅卵石黄胶泥夯实之后，与原地面平齐，这才算完成奠基。这种基础做法被称为"一块玉"或"满堂红"，只有皇家高等级建筑才能采用如此费工费力的做法，可见代表着祖宗基业的宗庙在皇家建筑中的崇高地位。

其实这厚实坚固的基础并不是宗庙大殿的地面，在基础上还要夯筑一层高出地面 0.5 米、用规整的条石包砌的建筑台明。宗庙是在台明上立柱架梁盖瓦建造而成的。东巷宗庙遗址考古勘探终于有了重大收获，这个时候考古队员们终于松了一口气。

宗庙围墙遗址

宗庙须弥座台基遗迹

王府寻踪

宗庙基础遗迹

宗庙基础第一层片石面

靖江藩王的遗韵

### ◆ 社稷坛其实就是两个土台子

社稷坛在王城端礼门外西侧，也就是如今西巷的位置。在发现靖江王府宗庙建筑遗址后，西巷社稷坛考古勘探的阻力就没有那么大了，2017年考古队进驻西巷，寻找靖江王府社稷坛的踪迹。

社稷坛是两个并排高约1米的土台子，其中社坛中间立一根0.5米高的石柱；两个土台子外边围着一圈一人高的矮墙，四面各有一座牌坊门，除了南门不建门房，其他3个门都建有门房，门房里陈列仪仗兵器十二杆戟，因此又称"戟门"。

社稷坛的勘探就没有那么幸运了。或许是破坏太过严重，探沟发掘没有发现围墙或建筑的台基，只看到大量明代绿色琉璃砖瓦等建筑构件铺垫，间杂零星青砖碎块的琉璃瓦层。这些琉璃瓦构件种类繁多，有琉璃筒瓦、板瓦、龙纹

琉璃碎瓦垫层

王府寻踪

瓦当、龙纹滴水、云纹砖、长方形绿釉砖、脊兽残件等，分布密集，相互叠压。其实对考古勘探来说，这样的发现已经能够证明这里有一处使用绿色琉璃瓦的高等级明代官式建筑。

半年后，经过与建设方的协商，决定扩大考古勘探区。考古队在整个勘探区新布置7条探沟。由于早年遭受的破坏太大，勘探区只发现了两个明代高等级官式建筑所使用的柱础和部分建筑基础。

这些建筑基础大体与东巷发现的宗庙基础相似，也是采用"满堂红"的做法，只是夯填层中毛石垫层只有两层，青砖碎块改成了琉璃瓦碎块，整个基础比宗庙的浅了1米左右，即便

社稷坛遗址出土的石柱础

如此，也绝非民间建筑所能相比。考古人员推测这些基础是社稷坛的戟门所在。其实明代社稷坛的主体原本就只是一个围石堆土的小高台，高台之上是没有建筑的。社稷坛的建筑只有高台之外东、西、北面的三座戟门。

帝王时代的改朝换代，新朝首先要摧毁的就是旧朝的宗庙和社稷，这意味着打断上一个王朝的根基。靖江王府的宗庙和社稷坛必然摆脱不了这样的结局。勘探的结果对建设方而言是有些失望的，毕竟他们期待能够发现完整的社稷坛遗址，或者辨识度较高的重大遗迹，以此来提升街区文化展示效果。然而对于靖江王府的考古研究来说，确认了宗庙和社稷坛的位置、范围，了解了明代高等级皇家礼制建筑基础的做法，完善和丰富了对靖江王府的认知，也算颇有收获。

王府寻踪

# 皇家宫殿才敢用的须弥座

◆▶◀◆

经历明末清初孔有德焚城那场浩劫之后，曾经富丽堂皇的明代靖江王府宫殿建筑群早已塌毁殆尽。抗日战争时期的桂林保卫战，王府旧址上后期重建的建筑又再次化为一片焦土。如今所见到的是抗日战争胜利后于1947年再次重建的民国广西省政府建筑。两度成为废墟的靖江王府旧址里，到底还有没有明代靖江王府的宫殿遗存呢？

### ◆ 承运门的须弥座台基

朱元璋为了彰显自己当上皇帝是"受命于天"，便创造了一个词叫"奉天承运"，意思是遵照上天的旨意，承受兴盛的时运。至此，"奉天承运"成为皇帝诏书开头的套语为世人熟知。不仅如此，他还把"奉天承运"拆分成两截，"奉天"留给自己，把皇宫里最显赫的金銮殿命名为"奉天殿"；"承运"则赐给了皇子们，藩封各地的亲王府大门统一称"承运门"，王府主殿称"承运殿"，靖江王也捡到了这个"便宜"。

靖江王府承运门位于王城端礼门的后面，如今这个位置耸立着民国时期修建的广西省政府大门门楼。土黄色的墙体上搭配红色的窗格，正中间是宽大的拱形门洞，屋顶采用传统的歇山顶，覆盖黑色筒板瓦。这是民国时期流行的"中西合璧"的建筑风格，整座门楼修建在宽大的青石台基之上，显得气宇轩昂。

青石砌筑的台基很高，前后都有台阶上下。台阶很宽，分成三路，中路台阶上镶嵌着整块浮雕祥云图案的石板，尽显高贵大气。考古人员看到这样的台阶和浮雕祥云图案的石板后都要惊呼一声："这是皇家建筑专有的'连三御路踏跺'！"

中国古代宫殿的屋宇一般都是木结构大屋顶，为了使建筑显得高大气派，有良好的通风和采光，又为了防止雨天屋檐滴

民国时期修建的广西省政府门楼

水溅入室内，往往要先垒砌台基，而踏跺就是供人上下台基的台阶。建筑越大台基就越宽，台基越高则台阶的级数就越多，于是踏跺就有了等级的区分。

　　"连三御路踏跺"是古代等级最高的台阶，一般用在皇宫中的主要宫殿。台阶分为三路，中路台阶叫陛，皇帝的尊称"陛下"即由此而来。陛阶当中斜嵌着一块陛石，上面雕刻着龙凤云纹，这块陛石又称辇道、御路。御路虽称作"路"，但并不是供人行走的，这是帝王御辇的专用通道。帝王进出宫殿时，由轿夫抬着御辇从御路上悬空而过，御路是帝王身份地位的象征，容不得任何人僭越。

靖江王府承运门的石雕云阶

靖江王府这座连三御路踏跺台基不是常见的长方形料石平台，它的立面不是竖直的，而是上下凸出，中间凹入，有着优美的线条。凹进去的中间部分犹如一圈束腰，浅浅地凸雕着明代早期特有的如意头椀花结带图案。上下凸出的部分用料石凿出对称的多层叠涩线条，整个台基雕刻精美、构造严谨、层次分明，富有立体感。

这种特殊形制的台基被称为须弥座台基。须弥是古印度梵文的音译，是佛经中的妙高山，按佛教教义，它是诸山之王，世界的中心，佛位于其上，统领大千世界。于是佛教把佛座称为须弥座，以显示佛的崇高。

佛教传入中国后，须弥座逐渐发展演变，形成了由土衬、圭角、下枋、下枭、束腰、上枭和上枋等部分组成的多层叠涩线脚装饰形式。这种装饰形式被广泛应用于皇家宫殿、礼制建筑及皇家寺庙等尊贵的皇家官式建筑之上，而民间建筑是绝对不能僭越使用的。这座民国广西省政府门楼的台基，无疑就是数百年前已经塌毁消逝的明代靖江王府承运门的台基。

### ◆ 承运殿的两层须弥座

靖江王府遵循"以中为尊"的礼制思想进行规划布局，最尊贵的承运殿建在王城的中央。如今这个位置，是民国时期修建的广西省政府的核心建筑广西省主席办公楼。

这座中西合璧风格的两层大楼端坐在一个高达 2.5 米，分上下两层的巨大高台基座之上。高台基座平面呈向南的"凸"字形，占地面积相当于 8 个标准篮球场。

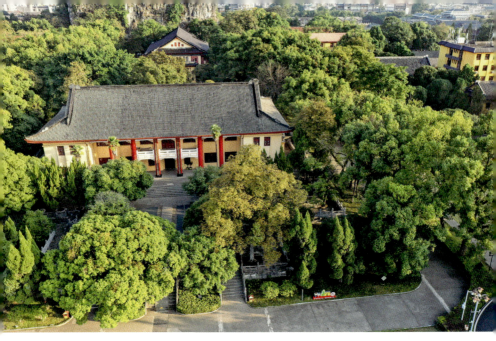

承运殿基址及民国广西省政府办公楼（邓云波摄）

这两层基座的外壁都与承运门台基的样式相同，是青石须弥座。束腰部位所雕刻的，也是同样的如意头椀花结带图案。这是比承运门的单层须弥座台基更高等级的二层须弥座台基。从台基的形制和各种石构件的工艺、造型及石料的风化程度可以断定，这也是明代初期营建的靖江王府遗存。

和承运门不同的是，这座两层台基的边沿连带着踏跺都安装了石栏杆，既起到安全保护作用，又使得整座台基造型华美、层次丰满。石栏杆采用明代官式建筑中最常见的由望柱、寻杖扶手、栏板和地栿构成的寻杖栏杆式样。望柱柱头均匀雕刻二十四条曲线，如火焰般聚集到柱顶，这种装饰称为二十四气

火焰纹。寻杖扶手是连接两个柱头之间最上面的横梁，可供人揿扶倚靠，它和栏板之间雕刻着如意灵芝净瓶。整体来看，这一圈两层石栏杆素雅稳重、朴实大气。

靖江王府承运殿的石作勾栏

靖江王府承运殿的云阶玉陛

王府寻踪

在石栏杆的每一个望柱下，都安装有一块挑出基座的角石，每块角石前端还雕刻一朵如意云纹，这块角石叫螭子石，是专门固定石栏杆望柱与地栿的构件，也是台基上的雨水排水口。在更高等级的建筑如皇宫中，往往把螭子石雕刻成龙头的形状，这种装饰被称为螭首，既体现宫殿高贵的等级，又具有重要的装饰作用。

台基向南前凸的部分叫月台，是大殿前的小广场。月台正面和台基后部都设有三路供人上下的垂带踏跺，其中中路的踏跺都是高规格的御路踏跺，所镶嵌的御路陛石是和承运门一样的浮雕祥云图案。月台东西两侧各有一路开口较小的台阶，称为抄手踏跺。踏跺的栏杆则安装在台阶两侧的垂带石上，随着垂带石而倾斜，最前端安装一块造型优美的石云板，起到固定的作用。

### ◆ 元代皇帝潜邸的遗留

明代十分讲究建筑礼制，须弥座台基一般只用于皇家建筑，须弥座的层数代表了相应的等级。

三层须弥座为最高等级，只有皇宫主殿如北京故宫三大殿，皇家最高祭祀礼制建筑如太庙主殿、天坛圜丘和祈年殿，以及开国皇帝陵寝主殿如明太祖朱元璋的孝陵、明成祖朱棣（靖难夺位相当于开国）的长陵祾恩殿才能用到三层须弥座台基的制式，这是皇帝的专用等级。

两层须弥座台基极为罕见，纵观全国，也只发现曲阜孔庙大成殿和南京朝天宫大成殿这两座建筑用到这样的规格。曲阜

故宫太和殿三层须弥座台基

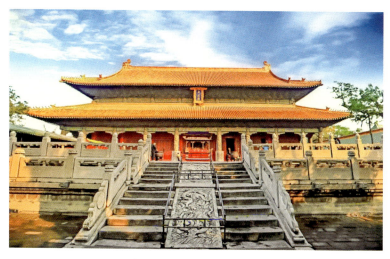

曲阜孔庙大成殿两层须弥座台基

王府寻踪

孔庙大成殿是祭祀儒家圣人孔子的祠庙；南京朝天宫大成殿是朱元璋亲自命名用来祭祀天地的场所，平时则供文武百官和贵族子弟演习礼仪。这两个地方都是国家级的礼制建筑。

皇帝之下，太子和亲王等级最高，按照常理应该可以使用两层须弥座台基。然而放眼全国，除靖江王府外还没发现有其他亲王府邸使用两层须弥座台基，为什么靖江王府如此特殊呢？其实，靖江王府并不是在一片空地上营建起来的，王府的前身是一座叫报恩寺的寺庙，元代末代皇帝顺帝登基前曾在这里居住过两年。元顺帝即位后，报恩寺就成了"潜龙福地"，他派人把寺庙改建为潜邸，修建万寿殿作为潜邸主殿，并让原报恩寺的僧人负责看守。一直到洪武五年（1372年）改建靖江王府时，这些看守僧人才被撤走。也就是说，靖江王府开工建设前，元顺帝潜邸包括主殿万寿殿都是完整存在的。

皇帝登基后才进行改造的潜邸，其规制相当于准皇宫，使用两层须弥座并不属于僭越违制，而台基前不现龙纹的祥云纹丹陛石暗含着"云中潜龙"的寓意。经过一番论证可以推断，靖江王府旧址中发现的承运门和主殿承运殿的须弥座台基很可能就是元顺帝潜邸建筑的原物，是国内所有明代王府中保存的最高等级的建筑遗存。

# 王府苑囿里的清闲快活

◆▶◀

### ◆ 动植物园和建筑博物馆

靖江王城王宫北面围墙之外是独秀峰。独秀峰东北侧有一湾泉池，是桂林古代四大名池之一的月牙池。独秀峰山石为阳，月牙池积水为阴，山水相辅，阴阳相济，宛若一幅浑然天成的

独秀峰月牙池俯拍图

王府寻踪

太极图，如此相得益彰的景致在明代所有王府中绝无仅有。历代靖江王受藩禁的约束，被禁锢在王城当中，这里就成了他们消遣时光的理想之地。他们竭尽所能把这里打造成苑囿园林，植树、种花、豢养鱼兽，还在其间修建了大量亭台轩榭、馆阁堂所，供自己休憩游玩。

明嘉靖后期，一位亲临桂林城的葡萄牙人克路士（Cruz）描写了王府苑囿里的情形："在宫邸内有优美的大花园，果树很多，还有大池塘，养着大量的鱼，既供观赏又供家里食用。他们在家里栽种各式各样的小花，摆放漂亮的石竹和拥有芳草的花坛，还有野树林，里面养着鹿和野猪及其他禽兽。"在这位葡萄牙人的眼中，王府苑囿是一个拥有自然生态的动植物园。

当时中国文人却侧重于描述苑囿里的人文景观，他们眼中的王府苑囿仿佛就是一座古典建筑博物馆，有名号的各种建筑就有 20 多处。例如，嘉靖初年的广西督学黄佐所看到的王府苑囿是"小院宫室任从起盖，不系离宫别殿、台榭游玩之所者则有宝善堂、尊乐堂、日新堂、迎赐轩、拱秀亭、山月亭、绿竹轩、冰壶井，在王城内独秀峰左右焉"。

明万历年间，桂林人张鸣凤则看得更加仔细，他在《桂胜》这本小册子里描写王府苑囿"亭有清樾、喜阳、拱秀、望江，台有凌虚，馆有中和，室有延生，轩有可心，所有修玄，门有拥翠、平矗、拱辰、朝天。其上则玄武阁，次则观音堂、三官庙，山半则灵官及山神祠，皆其所礼神处。其下有池曰月牙，可用泛舟。又有乐山、探奇、瞻云三处，可备清眺。穿云则其将陟巅之道也"，并赞叹王府园林景致"馆宇金碧，跨山弥谷，

独秀峰西侧登山道

盖足当其盛矣"。

时过境迁，当年历代靖江王精心营造的王府苑囿，无论是能工巧匠建造的亭台轩榭，还是自然生长的花草树木，或是豢养其中的珍禽异兽，都已消失殆尽，唯有独秀峰和月牙池构成的这幅永不消逝的太极图或许还保留着当年的景象。

### ◆ 没有找到的离宫别殿

王宫中的寝殿是靖江王的法定居所，从悼僖王入驻之后，历代靖江王继位就必须居住在这里，这是礼制的规定，不容更改。安肃王朱经扶过世后，他的儿子朱邦苧继承王位，按规定要搬到寝殿居住。然而，朱邦苧并不喜欢住在这个暮气沉沉的地方，他无比向往自由。他无法离开王府前往王城外建造离宫别殿，只能在一墙之隔的王府苑囿当中寻求一丝安慰。

刚刚接管王府大权的朱邦苧，还没等朝廷下达委任状，便迫不及待地要逃出王宫。嘉靖五年（1526年），他在王宫西侧围墙之外的王府苑囿选了一块空地，以修建书室的名义营建自己的新寝殿，并亲自命名为"懋德堂"。时任广西提学佥事的潘恩写了一篇《懋德堂记》，详细记录了营建的经过及其中的景致。

懋德堂其实是一处独立的园林小院，小院有三道院门，院门内挖有水池，水池上搭建有桥，入园就给人小桥流水人家的雅致意境。近水有轩、靠山有楼，闲暇时可临池戏水观鱼，登楼听风赏月。小院的中间是居敬厅，相当于朱邦苧的寝殿，是日常起居之所。后来他把居敬厅让给母亲居住，自己又在旁边

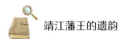

建了一座自如阁。小院中还有一个叫清虚所的小道观，是修心养性、参禅悟道的地方。

从文献记录来看，懋德堂是一处规模颇大的离宫别殿，但它的具体位置和范围并不清晰。2015 年 7 ～ 10 月，广西文物保护与考古研究所在王城西侧进行了一次考古勘探及试掘，意图探寻当年懋德堂的遗迹。

王城内的考古勘探非常困难，因为已有太多的现代建筑占据其中。考古队员只能在建筑之间的空地上布设考古探方，以探索地下的情况，布设探方的地点远离王府中轴线，离王城城墙不到 10 米。这个地方已经属于王府护卫部队巡守王城的活动范围，恐怕不会发现重要的遗址和遗迹。

独秀峰西侧王府勘探工作现场

王府寻踪

果不其然，考古探方发掘到明代地层，只是零星地发现了一些建筑基址和排水沟遗迹，以及小面积的砖墁地面遗存。这些建筑基址和排水沟散乱残缺，不能辨别所属形制，无法确定年代。砖墁地面遗存的青砖和铺设方式具有显著的明代特点，表明这里曾经有过明代建筑，但这种见缝插针式的勘探发掘根本无法探明这些明代建筑的规模和布局，更无法确定这是不是懋德堂的遗迹。

考古就是这样，不是每一次发掘都能有所收获。有遗憾就有期待，相信条件成熟的时候，这处当年王府苑囿里的离宫别殿终会被找到。

### ◆ 独秀峰上的藩王遗刻

靖江王虽然赏赐俸禄充足，生活优裕富有，社会地位崇高，但是无从插手军政事务，也不能介入士农工商，终日无所事事，只能在王府苑囿中消磨时光。如今在独秀峰山崖和岩洞的石壁上，仍保留有许多摹刻的诗文，从这些诗文还能一窥他们无奈中的悠闲。

第三任靖江王朱佐敬最喜欢独秀峰，他是最早在独秀峰上留下题刻的靖江王，他的题刻都是赞美独秀峰的。朱佐敬是一位书法大家，当时能求得他的一幅墨宝是无上的荣耀。他专门给独秀峰题写了山名，如今在独秀峰的崖壁上还保留着他的篆书石刻作品，"独秀山"三个遒劲古朴的篆字显示出朱佐敬深厚的书法造诣。

此外，朱佐敬还有两篇赞美独秀峰的散文游记刻在山上。

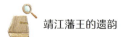

他先是在《游独秀岩记》中称赞独秀峰具有王者气势，比桂林古八景更胜一筹。桂林古八景源自元代吕思诚所题《桂林八景诗》，分别为青碧上方、栖霞真境、尧山冬雪、舜洞薰风、桂岭晴岚、西峰晚照、訾洲烟雨、东渡春澜，是甲天下的桂林山水中最精华的景观。朱佐敬之后又写了《独秀岩记》，再一次评价独秀峰是"广西甲胜之最"，用文言文特有的华丽辞章和文字韵律，叙述独秀峰"一峰堑插霄汉，四时林木荣辉，下涌流泉，潭如新月，巍然上下，绝秀丽乎龙飞凤舞之胜"的奇特景色。

朱佐敬题《独秀山》

读书岩上的摩崖石刻《游独秀岩记》

在独秀峰上还能看到靖江端懿王朱约麒的《八代靖江王朱真人题诗》，靖江安肃王朱经扶的《冬日观雪》《春景明媚》《夏日避暑》《中秋赏月》四时应景诗和"清闲快乐"题刻，以及靖江恭惠王朱邦苧的《太平岩供奉玄帝纪略》等摩崖石刻。摩挲着这些高贵的王爷们留下的字迹，揣摩着他们被禁锢于藩城之内的心境，不由得让人感叹：当个藩王真是郁闷！

王府寻踪

八代靖江王朱真人题诗石刻

九代靖江王独秀峰避暑诗石刻

九代靖江王独秀峰赏春景诗石刻

九代靖江王独秀峰玩月诗石刻

九代靖江王独秀峰观雪诗石刻

### ◆ 宗教信仰的大杂烩

闲得无聊，是明代藩王生活中的普遍现象，崇道佞佛便成为很多藩王的精神寄托。独秀峰顶曾建有玄武阁、观音堂和三官庙，半山腰则有灵官祠和山神祠，这些都是当年靖江王礼忏神佛、谈经论道的场所。

靖江王朱佐敬在打整苑囿时发现了独秀峰西侧的一个岩洞，认为这里幽深清静，不受凡尘侵扰，可以招来佛道神仙保佑自己。他让工匠对岩洞进行了一次大改造，先在洞外砌了一座佛教的宝塔，然后在洞内大塑神像，有佛教的观音菩萨和普贤菩萨，有道教的玄帝、雷祖、天师和哪吒，也不知他信奉的是佛教还是道教。

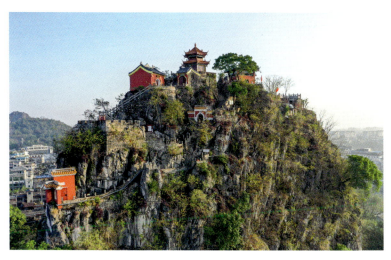

独秀峰顶上后人恢复的宗教建筑

王府寻踪

100 年后，第八任靖江王朱邦苧信奉玄帝，自号澹仙道人、味玄道人。他重新清理了这个岩洞，在岩中发现了一枚宋代的"太平通宝"铜钱，认为是祥瑞之兆，就把岩洞命名为"太平岩"。他在洞里面供奉玄帝铜像，经常进去打坐修行，以求羽化登仙。

上有所好，下必甚焉，历代靖江王的喜好也影响了住在王府外的亲戚们。朱佐敬的孙子朱镇山痴迷长生不老，渴望羽化登仙。他自号"瞻鹤道人"，要做一个闲云野鹤，有家也不回。文物普查时，考古人员在桂林城北叠彩山发现了朱镇山修行的瞻鹤洞，洞壁上刻有玄武朱雀和一些修炼记录的文字。让人惊掉下巴的是，石刻中有一份当时广西右布政使曲迁乔爬进洞里向他拜求神仙秘诀的记录。要知道，广西布政使那可是省长级别的大人物啊。

叠彩山瞻鹤洞曲迁乔题诗

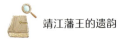

后人恢复的太平岩

瞻鹤道人最后还是没有成仙。20世纪80年代，这位"仙翁"的墓葬被考古工作人员发现。当时墓室已被盗，残破不堪，在青砖砌筑的墓室内壁上，还涂画着一幅阴阳太极图，朱镇山大概是想到阴间继续修道吧。

　　靖江王及其亲戚们对佛道的崇尚，得益最多的是桂林各处观祠庙宇。姑且不说日常上香拜祭的香油献金，明代直接由靖江王及其亲属出资兴建的寺庙和道观就有东江门外的安仁寺、凤凰街的三界庵、三皇庙，南溪山的佑圣观、玉皇阁和白龙庙，伏波山的伏波庙、玉皇阁。接受他们赞助的有文昌门外的开元寺。就连那民间百姓奉祀的广福王庙，都因得到他们的眷顾而得以重修扩建。可以说，正是有了靖江王及其宗室人员的热衷参与，桂林的宗教在明代才得以繁盛一时。

# 王墓探秘

明代嘉靖版《广西通志》中记载："王之茔，兆世在尧山之麓，盖郁郁有佳气焉，于乎盛矣。"这句话的意思是靖江王的墓地在桂林城东的尧山脚下，这里林木苍翠，云雾缭绕，是运势昌隆、福泽绵长的风水宝地。

尧山，自古以来就是桂林名山，是桂林城东最大和最高的山，山势自北而南绵延起伏，峰峦叠嶂，横亘于桂林城东，宛如紫气东来，号称"始安原脉"。永乐年间，悼僖王朱赞仪埋葬于尧山，从此尧山就成了王坟禁地。之后，总共有十一位靖江王葬在这块风水宝地上，形成了我国规模最大的明代藩王墓群。

# 题外话："王陵"与"王墓"

◆▶◀◆

　　1963 年，广西壮族自治区人民政府正式将尧山脚下的靖江王墓命名为"靖江王墓群"，并将其公布为广西壮族自治区重点文物保护单位。1996 年，靖江王墓群与桂林城中的靖江王府遗址合为一处，国务院以"靖江王府及王陵"之名将其公布为全国重点文物保护单位。名称从"王墓"到"王陵"的变化，引发了社会各界的广泛关注和热议。

　　人类从野蛮状态步入氏族社会以来，便开始了有意识地在地上挖坑填土、掩埋氏族成员尸体的行为，这一行为被称为"葬"。而专门用于埋葬死者的地方，则被称为"墓"。

　　最早的时候，埋葬死者只是用厚厚的柴草、树枝覆盖尸体，随后填埋在荒野中，葬地没有任何标记。距今大约 2500 年，开始有人在墓上堆土作为标记，这一做法称为"封"，并把这种封土的墓称为"坟"。这种做法据说是孔圣人的创举。在儒家经典《礼记·檀弓》中记载了这样一个故事，当年孔子周游列国，四处奔走讲学，为了避免回乡祭拜父母的时候找不到父母的坟墓，就在墓上堆了四尺高的土。

靖江藩王的遗韵

对于统治者来说，"坟"的出现为区分墓葬等级创造了条件。很快名为"丘封之度"的等级规定出台。最高等级是天子坟"高三仞"（周代一仞相当于八尺，一尺约23.1厘米），相当于5.5米，接近两层楼高。诸侯坟的高度则为天子坟的一半；大夫坟的高度则再降一半；士坟则更低，只有四尺，连1米都不到。按这个标准，孔子父母的墓属于士的级别。

然而，在那个诸侯称王称霸的时代，各个诸侯国国君认为，这种"丘封之度"的等级规定不值一提。他们为彰显自己崇高的身份地位，在营建墓葬时纷纷堆积起了高大如山的封土，墓的名称也从"坟"扩展到"丘""冢"和"陵"。

"丘""冢"和"陵"在本质上都是指高耸如山的土堆。春秋时吴王阖闾墓称虎丘，战国时赵武灵王墓称灵丘，楚昭王墓叫昭丘。秦始皇的墓最初叫"始皇帝冢"。

公元前335年，赵肃侯赵语"起寿陵"，这是历史上已知最早被称为"陵"的君王墓葬。之后，秦国惠文王墓称公陵、悼武王墓称永陵，可见"陵"最初是作为诸侯王墓的一种称呼。

公元前195年，汉高祖刘邦的墓被命名为"长陵"，从此"陵"开始被皇帝专用。从典章文献和考古材料来看，历朝历代除了皇帝墓称"陵"，即便贵如太子，其墓也只能称"坟"或"墓"，明代时期也是如此。

唐代曾有过"号墓为陵"的特例，分别是懿德太子墓和永泰公主墓。《唐会要》中专门有条目来解释这两座墓称"陵"的缘由，并称其为"僭号陵"，属于皇帝恩赐给死者的一种特别礼遇。

因此，把"靖江王墓"改称为"靖江王陵"，按那个时代的等级礼制来评判是一种僭越，就好比只能自称为"孤"的王，却用了皇帝才能自称的"朕"。

辛亥革命后，传统的等级制度被打破，"陵"也不再是皇帝的专用。孙中山先生的中山陵便是最好的证明。中华人民共和国成立后，"陵"更被赋予了新的意义，全国各地都为革命先烈建造了烈士陵园，"陵"与"墓"的等级概念更加模糊。在大多数民众心目中，"墓"的字义阴晦遭人排斥，而"陵"代表崇高和敬畏，更易为人所接受。改革开放初期，各地在挖掘利用历史文化资源时，开始将"王墓"称为"王陵"。随后的数十年间，"王陵"成为公众认可的惯称。

明代藩王墓冢封土硕大，配置有整套规模宏大的园寝建筑和数量众多的神道石仪仗，是明代皇家陵墓体系中的重要组成部分。王墓遗存也已成为赋能地方社会经济发展的珍贵历史文化遗产。如果本着破除封建等级制约，让文物"活"起来的初衷，在公众已接受并得到国家认可的情况下，"王墓"与"王陵"名称的争论，可以作为一个学术问题进行探讨，完全没有必要去纠结或刻意改变。

靖江藩王的遗韵　　　　080

# 三券门里的祖坟茔园

❖▶◀

　　古人重视墓地选址，尤其是祖坟地，被认为是福荫后代、兴盛家族的关键，帝王之家更是如此。明代藩王墓地都是由朝廷派出国家级的风水大师，到藩土封地堪舆山川走脉后选定的。

　　墓地最好是背靠连绵起伏的山脉，这叫"背有靠山"，风水先生称之为"龙脉"。墓地的前方要视野开阔，不受阻挡，这叫"前有出路"，风水先生称之为"明堂"。尧山西麓正好符合这样的条件，作为靖江王家族的墓地十分理想。

尧山之原

### ◆ 被拆除了的三券门

在民国甚至更早的时候，靖江王后裔每年农历二月十五都要来尧山举行大规模的祭祖活动。当天，全州、灌阳、义宁（今临桂五通镇）等地的朱家人都要杀猪宰羊，做成贡品来给祖先扫墓。当时举行祭祖典礼的地方叫"三券门"，位置就在挂子山村的东北面，即如今广西桂林茶叶科学研究所的科研茶园内。

挂子山村原本是王府派来看守王坟的王、夏两家军户的驻地，现在的村民就是当年军户的后裔。村里的老人回忆，在20世纪50年代初，这座三券门还在，村里人下地耕作、野外放牛时，经常在三券门的门洞里躲雨或乘凉。

20世纪50年代末至60年代初，全国范围内广泛兴修水利。桂林青狮潭水库东干渠也修到了三券门前。那时候还没有文物保护的概念，反而认为封建王朝留下来的东西都应该拆除。修水渠时恰好缺乏砖石材料，于是这座三券门就被全部拆除用作水渠修缮材料了。

根据这个线索，考古人员在三券门原址开展了细致的考古调查。发现在三券门前数十米外的那段水渠，都是用规整的料石砌筑，这些规整的料石毋庸置疑都是从明代的三券门上拆下来的。而三券门原址已经成了一片空地，散落着少量的料石和碎砖。

由这块空地向南北两端延伸，隐约可见倒塌的土墙遗迹，旁边还残留着破碎的灰色筒板瓦。通过考古解剖，土墙的建造方法显而易见：先挖深0.5米、宽1.5米的基槽，然后铺垫大条

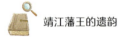

靖江藩王的遗韵

怀顺王墓遗址

三券门原址

悼僖王夫人
耿氏墓遗址

悼僖王墓遗址

三券门茔园范围

石作为墙基，条石上版筑夯土墙，墙顶盖瓦。

顺着土墙遗迹踏勘，发现这竟然是一圈形成围合的长方形夯土围墙。这意味着三券门是一个大园子的入口。经过测量，这个大园子占地约 24 公顷，比靖江王城还要大得多。

园子里面呈"品"字形排列着三座各自有围墙的大型墓葬，号称靖江王祖坟的悼僖王墓就在其中。三券门里的这个大园子，就是靖江王后裔心目中的祖坟茔园。

三券门围墙转角遗址

三券门围墙转角遗址

### ◆ 三券门里的悼僖王墓

悼僖王朱赞仪是第二代靖江王，他到桂林没几年就去世了。永乐六年（1408年），朝廷把他安葬在尧山脚下，这是最早的靖江王墓，也就是靖江王后裔所称的祖坟。

悼僖王墓就是三券门里三座大墓中间的那一座，与三券门同在茔园的中轴线上，因此可以把三券门看作是悼僖王墓的外门。悼僖王墓墓冢就像一座半球形的小山，是尧山脚下的王墓群中最高大的封土堆。墓冢前面还完整保存着这一座大型的建筑台基遗址，大小与篮球场差不多。台基的四边用规整的条石包砌，中间用方形的青砖铺地。台基上的石柱础都留在原位，

王墓探秘

悼僖王墓全景

没有缺失，是明代大型建筑常见的方座覆盆式样。柱础的镜面直径超过40厘米，这也是柱子的直径，这么粗大的木柱恐怕只有用生长数百年的古树才能做得出来。从柱础排列可以看出，这是一个三进五开间的大殿台基，是悼僖王墓的享堂遗址。

享堂的前面是一座两进三开间的高台大门，同样只剩下台基遗址，这是悼僖王墓园的入口。高台大门之外，对称排列有望柱、石羊、石虎、武士、石马、文臣共六对石像生。

悼僖王墓没有发现记录墓主名字的考古材料，还缺乏能一锤定音的凭证，但享堂大殿遗址和墓冢封土的规格之高，在尧山脚下的靖江王墓群中无与伦比。其实在考古人员心中已经有了结论，这就是靖江王祖坟悼僖王墓。

离悼僖王墓最近的，是这个祖坟茔园西北侧的另一座大墓。它与悼僖王墓如出一辙，同样有享堂和六对石像生等墓园配置，只是规模要小很多。这座墓的享堂右前方有碑亭遗址，碑亭中间残留有驮碑的赑（bì）屃（xì），但碑已经缺失了，无法确认墓主的身份。

2023 年，考古人员在发掘清理时，意外地在碑亭遗址里发现了很多刻有文字的碎石块。原来赑屃背上的碑不是被人挪走了，而是被砸碎成无数小块。考古人员如获珍宝，愈发仔细地搜寻着每一块刻有文字的碎石片。经过清洗整理，虽然这些碎石块不能完整拼合出这块石碑的原本形制，但是已经可以从能拼合的石块中确认有"悼僖王夫人耿氏""宣德三年""悼僖王墓之侧"等文字，这些尚不能连篇的文字寥寥可数，却意义非凡，直接证明了墓葬的主人是悼僖王夫人耿氏，也为确定悼僖王墓提供最可靠的证据。

靖江王墓通常是王与王妃合葬的，耿氏不是朱赞仪的正妃，正常来说没有资格与他同葬一墓。不过，朱赞仪的正妃没有生下儿子，反倒是耿氏的儿子朱佐敬继承了王位，所以耿氏就从老王爷的小妾变成了新王爷的生母。耿氏身份变成了显赫的"太王妃"，她在宣德三年（1428 年）去世后，享受了几乎等同于悼僖王墓的高规格营葬待遇，附葬在悼僖王墓的旁边。

王墓探秘

悼僖王夫人耿氏墓

悼僖王夫人耿氏墓石碑碎片上的文字

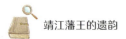

### ◆ 追封升格的怀顺王墓

祖坟茔园里的三座大墓中，位于西南角的是怀顺王墓。怀顺王墓有一座神道碑，但碑文已经风化，看不出文字了，考古人员是从墓中出土的怀顺王妃谷氏墓志来确认墓主的身份。

怀顺王朱相承，是第二任靖江王朱佐敬的嫡长子，天顺二年（1458年）去世。当时朱相承的身份是靖江王嫡长子，也就是靖江王的储君，还不是王，所以他的墓最初是不能按王墓的标准营造的。

王墓探秘

怀顺王墓全景

成化七年（1471年），朱相承的儿子朱规裕继承了王位后，向朝廷申请追封朱相承为靖江王，谥号怀顺。这位已经去世多年的嫡长子身份变了，他的墓自然也要升格。经过一番改造，新的怀顺王墓被围一圈外围墙，从祖坟茔园里分隔了出来，并新设了神道和石像生。

　　因为早年所建的园寝位于祖坟茔园西南角落，离祖坟茔园的围墙太近，所以新增的外围墙只得在西面和南面共用一段祖坟茔园围墙。而新设的神道也因为被祖坟茔园围墙挡住了去路，被迫朝南折向，把门朝南开在祖坟茔园围墙的转角处，神道两侧参照悼僖王墓的标准布置石像生。

　　怀顺王墓的神道石像生比悼僖王墓的多了两对守门狮，这

怀顺王墓角门遗址

王墓探秘

两对守门狮无论是造型风格、体积大小还是雕刻工艺都不一样，明显是不同时期的作品。2014年，考古人员在勘探时有一个意外的发现，怀顺王墓的神道居然有一条南北走向的岔路通往祖坟茔园的三券门，说明最初也是从三券门出入怀顺王墓的。这两个细节恰好证明了怀顺王墓从"长子墓"升格改造的经历。

### ◆ "园中园"的奥秘

三券门祖坟茔园的围墙周长超过2000米，占地面积约24公顷。然而作为靖江王祖坟的悼僖王墓茔园占地不过6666平方米，距离大茔园入口的三券门超过半里地。悼僖王夫人耿氏墓和悼僖王孙怀顺王墓建在悼僖王墓前方，相距都在百米开外，分别位于祖坟茔园的西南角和西北角。即便是安置了三座大墓，这个庞大的祖坟茔园还是显得空空荡荡的。这样奇特的"园中园"布局有什么奥秘呢？

考古人员认为，这是明代初期藩王墓茔园规制尚处于探讨阶段的结果。朝廷最初的设计是希望藩王墓葬能依照礼法，按昭穆排序。所谓昭穆，就是古代宗庙的排列次序，意思是始祖的庙居中，始祖之子排在左侧称为"昭"，始祖之孙则排在右侧称为"穆"。墓地的葬位也同样以此为准分左右次序。

永乐六年（1408年）悼僖王去世的时候，藩王墓还没有独立的外围墙建置。为了规范后世王墓的位置和排序，于是以悼僖王墓为中心，围了一大片地，修建了一个庞大的家族茔园，提前为后世的王墓预留位置。茔园的规模按照"天子立七庙，诸侯立五庙"的布局规划，至少可以容纳五代靖江王墓。

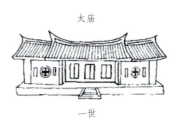

太庙

一世

穆庙 昭庙

三世 二世

五世 四世

昭穆排序示意图

　　然而在悼僖王去世两年后，朝廷出台了藩王墓可以建外围墙的规定，这个已经建好的祖坟茔园反倒成了"鸡肋"。于是悼僖王夫人耿氏被葬了进去，早逝的庄简王长子朱相承也被葬了进去。甚至在朱相承被追封为怀顺王后，还要专门补建一道外围墙，把他的墓从这个祖坟茔园里分隔开来。

王墓探秘

# 王墓是如何认定的

◆▶◀◆

在墓葬考古中，确认墓主的身份是首要任务。1965年，考古人员在对靖江王墓群进行调查时，曾采访询问过靖江王朱氏宗族的后裔。一个叫朱密的老人告诉调查人员，老辈过去有传下来的资料，里面的王坟图注明了王坟的位置，可惜这些资料在抗日战争期间的避兵逃难中遗失了。

从墓主后人那里找不到传世的图文记录，考古人员自然得用考古的办法：到现场去实地踏勘，去墓葬中寻找墓主的名字。靖江王墓在尧山西麓错落分布，没有明显的位置秩序，要怎样确定他们的身份呢？

### ◆ 墓碑和墓志就是身份证

把死者的名字、身份、生卒年月及生平简介等刻在石碑上，并立于墓前作为标记，这就是墓碑。裸露在外的墓碑容易遭受自然侵蚀和人为破坏，于是就有人把类似于墓碑的石刻埋入墓中，这就是墓志，也称"圹志"。墓碑和墓（圹）志相当于死者的个人历史档案，是认定墓葬身份最直接的实证。

大多数靖江王的墓都有墓碑，而且都是神道碑。神道是指陵墓前的导引道路，往往立石柱作为起点，道路两旁摆设石像生，这是帝王和高官贵族才能享受的配置。神道碑就立在王墓神道的旁边，碑上一般会刻有皇帝御赐的祭文和圹志文。它们都属于御碑，需要专门建碑亭保护。只是靖江王墓的碑亭早已坍塌，仅剩下遗址。

昭和王墓碑亭

碑的形制都是一样的，由上至下分为碑首、碑身和碑座三部分。碑首是半圆形，这种素面朝天的半圆形彰显出古人天圆地方、天人合一的宇宙观。碑身是规整的长方形，宽厚高大。这是铭刻碑文的地方，正反两面都刻有文字。由于时代久远，

王墓探秘

大多数碑上的刻字都已经风化湮没，导致很多人都误以为靖江王墓都是无字碑。碑座都是龟趺，也就是民间传说中"龙生九子"的老六赑屃，它形似龟，好负重，所以被安排了一个驮碑的工作。

端懿王墓和安肃王墓的神道碑上还可以看到文字。端懿王墓是第六代靖江王朱约麒与王妃杨氏的合葬墓。右侧的神道碑属于王妃杨氏，碑上还可以清晰地看到"皇明靖江端懿王妃杨氏神道碑"的篆书刻文。

端懿王妃杨氏墓神道碑

靖江藩王的遗韵

端懿王妃杨氏墓神道碑上的文字

唯一保存完整、碑文清晰的是第七代靖江王安肃王的神道碑。碑的正面上刻篆书"大明靖江安肃王神道碑",下刻小楷神道碑文。碑的背面上半部刻"御祭之文",下半部刻"钦赐靖江安肃王圹志"及"钦赐圹志文"。

安肃王神道碑的碑文是由赫赫有名的全州蒋冕所写,记述了靖江王的世系传承、安肃王朱经扶的生平以及王妃徐氏、次妃刘氏的家世,称赞了尚未继位的嗣王朱邦苎的孝心。蒋冕是明代官职最高的广西人,曾担任相当于国务院总理职务的内阁首辅。

王墓探秘

安肃王墓神道碑

　　虽然暴露在外的墓碑风化了，但是考古人员还是发现了大量的墓志。靖江王墓早年大多遭到盗掘，部分王墓的封土上还留存着盗墓贼挖掘的盗洞。考古人员顺着盗洞进入墓室，出土了多位王和王妃的墓（圹）志。

　　王和王妃的墓（圹）志都是固定制式的，志石分志盖和志文两块，选取80厘米左右的方形青石来雕刻。上面文字内容和书写版式都是皇帝委派礼部的官员写好后，从京城送来王府的。志盖往往只用篆书题名，如"钦赐靖江××王圹志"，一目了然。志文则用规矩的台阁体楷书，刻下王的名字、王的父母名字、王的出生、受封和薨逝年月以及子女情况等内容。

　　追封怀顺王墓、康僖王墓、温裕王墓、宪定王墓和荣穆王墓就是通过出土的王或王妃圹志认定的。

安肃王神道碑拓片（正）　　　　　安肃王神道碑拓片（背）

王墓探秘

明靖江端懿王妃杨氏圹志石刻的志盖

皇明靖江康僖王圹志石刻

靖江康僖王圹志志文石刻

靖江宪定王圹志志文石刻

王諱履祐乃憲定王之子母妃白氏嘉靖四十二年五月十六日生萬曆二十八年十二月初二日授封爲長子萬曆四十年封爲靖江王於崇禎八年二月十八日薨逝享年七十三歲妃張氏次妃李氏子一人李氏生萬曆四十三年六月初六日授封爲長子承襲王爵女一人封福清縣君

上聞訃輟朝一日遣官諭祭命有司治喪造葬如制東宮在原文武亦合祭焉以崇禎九年三月二十七日壬申葬於堯山之原嗚呼

王以帝室懿親爲國藩展惟以

靖江宪定王圹志志文石刻

101

王墓探秘

### ◆ 祭文石刻里的宫闱情殇

恭惠王墓碑风化了，也没有出土墓（圹）志，但墓室中出土了两块祭文石刻，成为确定其身份的关键。这两块石刻分别是恭惠王朱邦苎为他早逝的王妃滕氏写下的生平和三道祭文。

《皇明靖江悼妃石刻》是一篇人物传记，用散文笔法记述了王妃滕氏的家世和嫁入王府后孝顺贤淑的事迹。滕氏出身于普通耕读之家，幼年时就表现出良好的教养。她被选进王府册封为王妃后，身份高贵却为人谦恭。她尽心尽力地服侍丈夫，孝敬婆婆，对待宫中媵妾总是宽容礼让，从不仗势嚣张。然而，就是这样一位贤惠的主母，却屡屡被后入王府的悍妾刘氏嫉妒、挑衅和欺侮，最终含恨无言，抑郁而亡。

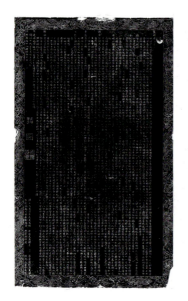

明故悼妃滕氏石刻

靖江藩王的遗韵

三道祭文的标题是《明故悼妃滕氏石刻》，是朱邦苧三次祭奠亡妃时所哀唱的祭文，是他痛失娇妃后的呕心之作。文字内容就像与死者对话，边诉边泣，吞吐呜咽，字里行间交织着悔恨、悲痛与自责，流露出无尽的痛悼哀戚之情。祭文用工整对仗的格式，华丽优美的辞藻，抑扬顿挫的音韵，表达了难以抑制的悲哀和难舍难分的情感，具有震撼人心的力量。

两块石刻是靖江王墓所有墓志碑刻中字数最多的，不仅记录了恭惠王朱邦苧与英年早逝的王妃滕氏的深厚感情，还揭露了靖江王府中宫闱争宠暗斗的种种秘事，具有很高的历史研究价值，堪称靖江王墓碑刻中的瑰宝。

### ◆ 有神道碑的是昭和王墓

十一座靖江王墓中，通过墓碑、墓志、祭文石刻等文字材料直接认证墓主身份的有九座，剩下的第三任靖江王庄简王墓和第五任靖江王昭和王墓没有实证材料，那么该如何确认呢？

考古人员对已经认定的九座王墓进行比较，找出它们的共同特征。这九座王墓中除最早营建的悼僖王墓和追封后升格的怀顺王墓之外，其余七座王墓都是有内外两道围墙的长方形茔园。茔园内以神道为中轴线，由外而内依次布置三券外门、高台中门、带月台享堂等园寝建筑和圜丘形墓冢。尤其明显的是神道两侧都列置有十一对石像生和两座神道碑，无一例外。

十一对石像生是靖江王墓群所有墓葬中的最高配置，很显然这就是王墓的认定标准。这种最高配置的墓葬共有九座，于是就基本锁定庄简王墓和昭和王墓了。最后的问题是，哪座墓

王墓探秘

是庄简王墓？哪座墓是昭和王墓？

对比已经锁定的这两座墓，两者的区别竟然是一座有神道碑，一座没有神道碑。假如碑文清晰，墓主身份本不该成谜。遗憾的是，碑上文字早已风化模糊，仅能从碑上残存文字中"薨"这个王或王妃专用字和图案中的龙凤纹饰来确定这是一座王墓，至于墓主是庄简王还是昭和王，仍然无解。

在考古研究中，没有确凿的材料，就需要通过文献或其他旁证材料来分析和推测。《明英宗实录》记录了这样一件事：正统二年（1437年）靖江王朱佐敬上奏朝廷，请求为其父悼僖王立碑。英宗皇帝没有同意，还说洪武、永乐时期都没有给亲王和郡王立碑的案例，可见明代早期的王墓是没有神道碑的。由此考古人员确定无神道碑的应为更早的庄简王墓，有神道碑的才是昭和王墓。至此，十一座王墓墓主的身份就全部弄清楚了。

昭和王墓全景

靖江藩王的遗韵

按照自然的发展演变规律，任何事物都是从无到有，进而逐步完善稳定。在靖江王墓中，从昭和王墓设置神道碑开始，神道碑才成为历代王墓的标准配置。

王墓探秘

# 王墓的兴盛与衰亡

◆ ▶◀ ◆

### ◆ 王墓园寝营造规制的确立

藩王营葬可不像普通百姓选一块墓地，挖一个墓穴，葬入棺椁后堆土成坟，再立一块碑那么简单，王墓的营造要繁复得多。选好墓地后，先开挖墓圹，用砖石砌筑墓室，然后筛选纯净的黄土填埋墓室并堆起封土。封土要预留出墓门通道，抬棺入葬后才封闭。墓的前面还要起造享堂，布置供台焚帛炉，辟神道摆石像生，设碑亭立神道碑，配建神厨、神库、宰牲房等祭祀附属建筑，最后围墙设门形成茔园。王墓及围绕王墓所建的系列工程称为"园寝"，也就是帝陵所称的"陵寝"。靖江王墓园寝的营造，自有一套规制，这种规制既不是一蹴而就的，也不是一成不变的。

最早营建的悼僖王墓，园寝建筑少且布局简单，怀顺王墓则是从长子墓升级改建而来，这两座王墓还处在王墓园寝营造规制尚未成形的阶段。

成化五年（1469年），靖江庄简王去世。他的茔园内园寝建筑更加丰富，除了像悼僖王墓一样有三券外门、中门、享堂，还增加了厢房、焚帛炉等附属建筑。最重要的是，墓前神道更加宽大笔直，借山涧水沟的自然地势，在神道中部建了三列石桥。神道两侧的石像生从六对增加到十一对。整个茔园依外门和中门建了两重围墙，平面布局呈"回"字形，总面积达约6公顷，布局对称规整，体现了建设规划的大气与成熟。

在庄简王之后，历代靖江王墓基本遵循庄简王墓的园寝营建规制，除茔园面积不同、增建神道碑亭外，几乎没有任何改变。很显然，靖江王墓园寝营造规制就是从庄简王墓开始确立的，后世即便王位更迭不断，王墓的园寝营造规制始终没有大的改变。

庄简王墓全景

### ◆ 另立山头的宪定王墓

十一座靖江王墓中，年代最晚的是宪定王墓和荣穆王墓。这两座王墓不是建在早先形成的以悼僖王墓为中心的王墓区里，而是在王墓区往北数千米之外另立山头，似乎与祖墓区互不关联。这是怎么回事呢？让我们一起回溯一段靖江王的历史，或许就能解答这个疑惑了。

万历十八年（1590年），年仅十九岁的第十任靖江王朱履焘还没有留下子嗣就病逝了。这是一件不得了的大事，靖江王

宪定王墓全景

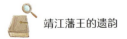
靖江藩王的遗韵

要断子绝孙了。按照明代的政策，出现这种情况是要取缔靖江王的封号的，以后就没有靖江王了。靖江王这个家族该何去何从？一时间谣言四起，人心惶惶，靖江王府所在的桂林府城陷入混乱。这时候，朱履焘的叔叔朱任晟登场亮相，被推举出来主持靖江王府的事务。有了主心骨，靖江王府的局势迅速得以稳定。

朱任晟是第八任靖江王恭惠王朱邦苧的庶次子。他与朱履焘的父亲——康僖王朱任昌是同父异母的兄弟，成年后封辅国将军，搬出王府自立门户。朱履焘死后，朱任晟成了靖江王家族中地位最高的人。朝廷不希望靖江王府节外生枝，再生事端，便破格把原本应该取消的靖江王位交给了他。

按传统的宗法观念，朱任晟不是靖江王的正统传承。因此他死后，朝廷没有同意让他葬入原来的王墓区，而是在原王墓区的北侧另选一个山头给他作为墓地，意思是他重新开创了靖江王的传承，要把他的墓当成新的靖江王祖墓，这就是另立山头建造宪定王墓的原因。

### ◆ 没有琉璃瓦的王墓"绝唱"

宪定王朱任晟的"法定继承人"是嫡长子朱履祥，可惜他早逝，王位落在了他的弟弟朱履祐身上。朱履祐是朱任晟的嫡次子，万历四十年（1612年）登上王位，崇祯七年（1634年）去世，谥号"荣穆"。与他父亲一样，朱履祐也是从辅国将军的爵位上破格提升的，属于非正常传承上位。因此在营葬这件事上，再次出现了另立山头的情况，他被葬在了更远的地方。

王墓探秘

荣穆王是最后一个被安葬在尧山靖江王墓区的靖江王，他的墓也沿袭着靖江王墓园寝的营建规制。整个茔园坐东朝西，呈长方形，外门、中门、享堂、碑亭等主要建筑，以及神道石像生、附属厢房等园寝配置与前期的王墓一样齐备。由于茔园建于尧山西麓地势陡峭的岭坡上，前后落差较大，因此还针对性地建有防山洪冲刷的排水沟、泄水平台等设施。为了排水更加通畅，荣穆王茔园的内围墙变成了一道隔墙，茔园平面布局由前期的"回"字形的两重院落变成了"日"字形的两进院落。

荣穆王墓全景

在考古勘探清理荣穆王墓时，让考古人员感到惊诧的是，整个王墓茔园范围内竟然没有发现一片琉璃构件，也就是说荣穆王墓所有的园寝建筑都使用的是民间青瓦。外门、碑亭等位置还出土了大量民间常见的砖雕构件。此外，作为园寝核心建筑的享堂居然没有月台，王墓园寝已经从高贵的皇家官式建筑变成了民间建筑。

荣穆王墓出土的花草龙砖雕

荣穆王墓出土的花开富贵砖雕

王墓探秘

荣穆王墓出土的素龙纹滴水

荣穆王墓出土的莲池图砖雕

荣穆王墓出土的"卍"字纹砖

荣穆王墓出土的平步青云砖雕

　　看来崇祯时期的内忧外患、经济崩溃、国力衰落、日渐没落也印证在了荣穆王的身上，朝廷已无力按原有规制来营建他的茔园园寝。不久之后，明王朝这棵大树轰然倒塌，荣穆王墓成了尧山脚下靖江王墓的"绝唱"。

王墓探秘

# 王墓园寝里的皇家密码

◆▶◀◆

## ◆ 红色的茔园围墙

1984 年，桂林市人民政府为加强对靖江王墓群的保护，专门组建了桂林市尧山陵墓文物管理所。该管理所成立后的第一项任务就是在原址上复建靖江庄简王墓。1987 年复建工程结束，远远望去，红色的围墙衬托着高台上的三券拱门掩映在尧山苍翠的林木间，彰显了明代靖江王墓的大气与成熟，给人一种神圣、崇高、庄严、肃穆的感觉。

古代皇家建筑中，红墙主要指的是宫苑的围墙。其实王墓茔园的围墙也属于宫苑的围墙，也是红色的。可能会有人提出疑问：红色是喜庆的颜色，墓地上能用红色吗？有什么依据？

2012 年以来，为加强靖江王墓的遗址保护，广西文物保护与考古研究所和桂林市靖江王陵文物管理处花了整整五年时间，共同发掘清理了七座靖江王墓的茔园园寝。这七座王墓的围墙都是版筑夯土墙，时间久了要么坍塌成了丘垄，要么被平整得看不出围墙的痕迹，墙的颜色是不是红色的还真不容易给出考古证据。

考古人员的发掘清理是非常仔细的，红墙痕迹逃不过他们的眼睛。在昭和王墓一处坍塌围墙的底部，由于墙基上的砖瓦垫层相对坚固，还残存着小段尚未完全坍塌的墙体。从这小段墙体可以清楚地看到围墙表面先批涂了一层厚大约 1 厘米的白色灰浆，表面再涂刷一层红色的颜料。

　　2023 年 6 月，广西文物保护与考古研究所和桂林市靖江王陵文物管理处再次合作，对端懿王墓开展了为期 7 个月的考古发掘，这次又有了新的发现。考古队在清理王墓外围墙与外门衔接处时，发现了一段没有坍塌的砖砌外墙墙体，墙上还附着大片红色批灰的墙皮，批灰墙皮的厚度大约 5 毫米，暗红色的灰浆表面平整光滑。两个不同时期、不同地点的考古材料，可以完全支持王墓使用红色围墙的观点。

端懿王墓发现的红墙批灰

端懿王墓发现的红墙批灰

### ◆ 礓礤的做法有据可依

在复建靖江庄简王墓时，茔园外门踏跺没有采用常见的三连三垂带式踏跺，而是做成了礓（jiāng）礤（cǎ）的样式。一直以来都有人对庄简王墓的这种做法提出疑问，认为这样的做法降低了建筑的等级，与靖江王的身份不符。

礓礤，是一种剖面呈锯齿状、表面如搓衣板状的石构或砖砌坡道，专为行车、防滑而修筑，较多用于城墙上，供官兵、战马上下城墙，运送武器、弹药、粮草。因此很多人认为礓礤属于等级较低的建筑形制，不应该使用在王墓外门这种高等级建筑上。

庄简王墓外门礓礤

王墓探秘

其实礓磋并非低等级的做法，它更多的是一个功能性的部件。在清西陵光绪皇帝的崇陵明楼前，就设有礓磋，目的是增加坡道的摩擦力，防止抬棺进入地宫时打滑。但在靖江王墓考古中，始终没有发现礓磋的实例来呼应庄简王墓的做法，这让考古人员在面对质疑时很难进行解释。

端懿王墓是庄简王重孙朱约麒的茔园，也是最后一座开展园寝考古发掘的靖江王墓。在这里，考古人员有了新发现。

端懿王墓的外门与其他王墓的一样，都是砖石结构的三券拱门。在清理端懿王墓外门前的踏跺遗址时，一座基本完整的礓磋呈现了出来。礓磋是用碎石泥土堆填出30°的斜坡，

端懿王墓外门礓磋遗址

斜坡的表面不是拾级而上的台阶，而是用整齐的条石平铺，隐约可以看出条石衔接的地方呈现锯齿状。坡道的两侧还有垫底的土衬石和三角形的象眼石遗存，做法和复建的庄简王墓几乎一模一样。

端懿王墓外门礓磋的发现，终于让考古人员可以理直气壮地回应质疑：庄简王墓的做法没有问题。

### ◆ 碧瓦苍翠琉璃光

无论是在城中的靖江王府，还是在城东尧山西麓的靖江王墓群，遗址考古中发现和采集到的遗物标本最多的是各种绿色琉璃瓦构件，涵盖了筒瓦板瓦、勾头滴水、当沟脊筒、螭吻脊兽等屋顶覆瓦的各种部位，证明王府宫殿、王墓园寝的主要建筑屋顶都覆盖着绿色琉璃瓦。

悼僖王墓出土的绿釉琉璃龙纹勾头

悼僖王墓出土的绿釉琉璃望兽

王墓探秘

端懿王墓出土的绿色琉璃天狮兽

温裕王墓出土的绿釉龙纹滴水

昭和王墓出土的绿色琉璃垂兽

昭和王墓出土的正脊大吻兽

琉璃色彩斑斓，是"光怪陆离"这一成语的具象表现。早在青铜时代的西周时期，工匠在熔炼铸造青铜器时发现了一种从未见过的物质，经过提炼加工，这种物质凝结成形，恍如美玉且色彩斑斓，因此被称为"五色石"，这就是中国最初的琉璃。这些偶然所得的琉璃质地晶莹剔透，色彩绚烂，立刻吸引了世家大族乃至皇室贵族的眼球。于是琉璃被制作成串珠首饰或镶嵌在一些器物用具上，甚至直接熔铸或雕刻琢磨成日用器

靖江藩王的遗韵

皿或陈设装饰，成了世家贵族心目中比玉器还要珍贵的珍宝。

　　早期琉璃制作技术最为成熟的地方其实不是中国，而是遥远的阿拉伯地区和地中海一带。随着汉代海外贸易的繁荣，大量来自遥远西方的琉璃珍宝传入中国。广西合浦是中国汉代海上丝绸之路始发港之一，在合浦的汉代墓葬中考古出土的数量众多的琉璃装饰品，都是海外舶来之物。《汉书·地理志》中还有汉武帝派人出海购买琉璃的记载，《三国志》中也提及大秦（罗马帝国）出产赤、白、黑、绿、黄、青、绀、缥、红、紫10种颜色的琉璃。

广西合浦望牛岭汉墓出土的琉璃珠（广西文物保护与考古研究所蒙长旺供图）

王墓探秘

北魏时期，来自西域大月氏的商贩看到琉璃受到皇家贵族的追捧，便在京师就地烧铸琉璃。琉璃从不可意料偶然所得的珍稀之物，变成工艺可控、批量生产的产品，则不再是物以稀为贵，即便色彩、光泽、质地都远超从前，也会沦为普通的货品，琉璃的价格自此变得不那么昂贵。坐拥天下财富的豪门世家、皇室贵族开始奢侈地尝试用琉璃作瓦来装饰宫殿。

从考古材料来看，琉璃器物一般采用熔铸成器的方式铸造，即把琉璃原料烧熔成浓稠的液态，浇筑到提前做好的器物模型中，冷却定型后脱模，经过细致打磨，最后达到微微透明、温润如玉的效果。不知道最初琉璃瓦是不是从皮到骨都是纯粹的琉璃，毕竟建筑覆瓦不是只用一片两片，而是用千片万片。屋顶的造型也不是一块平板，而是需要各种配件来组合。如果用纯琉璃的瓦来做屋顶，那简直就是一种极致的奢侈行为。

其实琉璃瓦就是一种彩色釉陶，对于陶瓷制作工艺娴熟的中国工匠来说，制作琉璃瓦不是一个多大的难题，把琉璃原料做成类似陶瓷釉料，采用陶瓷上釉的方式，以陶瓦为胎施以琉璃面釉，入窑烧制即可。由于制作琉璃釉的核心是解决稳定的呈色和玻璃的质感问题，因此釉料配方是关键。隋代一个叫何稠的工匠解决了这些问题。他调制出各种色釉，完善了琉璃瓦烧制技术，极大地降低了琉璃瓦的生产成本，为琉璃瓦的大规模使用创造了条件。

琉璃瓦的使用一直被历朝皇室垄断。原本朴实无华甚至灰暗的屋顶由于使用了琉璃瓦而变得流光溢彩、金碧辉煌、灿烂夺目，树立起皇家建筑至高无上的政治形象和色彩。明代琉璃

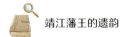

瓦发展到登峰造极的地步，出现了琉璃瓦颜色的使用等级规定：黄色琉璃瓦最为尊贵，属于皇帝专用瓦，如北京故宫、明十三陵等都是以黄色琉璃瓦为主；绿色琉璃瓦则是皇子、藩王使用。靖江王府和王墓园寝建筑使用绿色琉璃瓦，属于仅次于皇帝的等级。

靖江王府各类营建所用的琉璃瓦是不是在桂林生产的？在桂林有没有专门的琉璃窑场？答案是肯定的。考古人员曾在桂林市叠彩区下窑村委窑里村，发现了靖江王府御用的琉璃窑址。

窑里村位于桂林城北漓江西岸一片低缓的丘陵坡地上，距离漓江约800米。村南而有一条宽约5米的沟渠与漓江相连。窑里村原本就是一处古老的陶瓷窑场，早年考古调查发现此地有多处宋代以来的斜坡式龙窑遗址，采集到烛台、洗、罐、盏、杯、碟、盘、碗等青瓷器物标本和垫饼、垫圈、垫座等窑具。

就在瓷窑遗址的南面，考古人员发现了烧制琉璃建筑构件的马蹄形窑遗址。窑址周边堆积着大量的绿色琉璃瓦件，包括瓦当、滴水、板瓦、筒瓦、花砖、脊兽小跑等，纹饰有模印的龙、凤、卷草等图案，与在靖江王府及王墓考古出土的琉璃瓦件一模一样。窑场的位置离靖江王府只有4000米，隔江距靖江王墓也不过5000米，对于王府和王墓这种庞大的皇家工程而言，这个距离近在咫尺，运输便捷。显然，这里就是明代专为靖江王府烧制琉璃建筑构件的御用琉璃窑场。

窑里村琉璃窑址地层

窑里村碎石道路上夹杂的龙纹瓦当残片

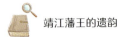

### ◆ 神道上的石仪仗

靖江王墓神道两侧的石像生，除极少部分遭自然风化损毁外，几乎完好无损，且排列有序，清晰可辨，堪称明代藩王墓神道石雕艺术宝库中的瑰宝。

陵墓石仪仗是我国封建礼制中严格等级观念的体现。从文献记载来看，陵墓配置石像生的做法，最迟在秦代就已出现。而如今发现的最早的实物例证，则是西汉时期陪葬汉武帝茂陵的霍去病墓前的16件石雕。东汉时，具有礼制标志物意义的陵墓石仪仗制度开始兴起，石柱、石人、石兽竞相涌现，正是有了这些神圣与神秘石雕仪仗，才赋予帝王陵墓前的导引大道"神道"之名。

到了魏晋南北朝时期，陵墓石仪仗续而不废，南朝陵墓更是异军突起，以帝陵墓神道石仪仗为主体，渐成制度。到了唐初，陵墓石仪仗走向制度化、完备化。除帝陵外，贵族官僚大墓前也置有相当数量的石仪仗。到了宋、明、清时期，陵墓神道石仪仗成为帝王和贵族官僚陵墓前不可缺少的建制，由此构成我国延续千年的陵墓石仪仗体系。

明代帝陵为"总神道"制度。以北京十三陵为例，诸陵虽各有独立的陵寝，却都共用长陵的引导神道，宣德年间在这条引导神道两侧增置石仪仗，因此整个十三陵只有一套石仪仗。靖江王墓与帝陵显然不同，它更多地承袭了唐宋以来的特点，诸王园寝各自拥有独立的神道和石仪仗。

关于明代皇室陵墓神道石仪仗的具体数目，文献中并未明确记载，但在"官民婚丧仪物"的相关规定中有所涉及。洪武五年（1372年）规定，功臣殁后若被封王，其墓前可设置石人两对（文武各一对），石虎、石羊、石马、望柱各一对，共计六对十二尊；二品及以上官员则减少石人数量，由文武各一对减至文武各一尊，共计五对十尊；四品及以上官员不设石人，为四对八尊；五品官员则仅设石羊、石马、望柱三对六尊；六品及以下官员则不设石仪仗。显然，在明代的丧葬礼制中，石仪仗的配置是严格区分等级的，其数量依据墓主的身份和地位高低而定。

靖江王墓中，最初营建的悼僖王墓设有六对神道石像生，这与文献中记载的功臣殁后封王的配置完全一致。功臣殁后封王，通常指的是为朱明王朝的建立立下不朽功勋的开国元勋。他们虽非与朱氏同姓，但死后也被封为郡王，这代表了朱氏皇

悼僖王墓石羊

靖江藩王的遗韵

族以外的最高荣誉等级。在没有明确制度规定的情况下，参照执行功臣殁后封王的坟茔标准，对于靖江王墓而言，无疑是一种合适的选择。

武士和马是帝王陵墓中常见的神道石雕题材，它们带有明显的军事色彩，容易让人联想到兵权的掌控。然而，在明代历史中，藩王掌控兵权、统领一方被视为大忌。因此，当武将和马两者合为一体时，原本雄壮威武的武将形象便降格为驭马的马倌，这恰好符合了高高在上却总是提心吊胆的最高统治者的期望。因此，在明代藩王墓中，石武人和石马被连为一体的做法并不仅限于靖江王墓，分封于西安的历代明秦王墓也采用了这一做法。

悼僖王墓武士驭马

相较于悼僖王墓，怀顺王墓增加了两对石狮，共计七对。石狮摆放位置分别为外门和中门之前，带有十分显著的守门护园的意图，墓前石仪仗中开始出现了守门狮的概念。这两对石狮中，外门狮瘦弱矮小，与怀顺王墓整套石仪仗的风格完全不同，显然它们不是同一时期、同一规格的作品。怀顺王朱相承薨于天顺二年（1458 年），是以长子的身份营造坟茔，后来被追封为王才按王墓级别重修增建其墓。这格格不入的两对守门石狮正是这种变化的见证。从怀顺王墓开始，守门狮成为历代靖江王墓石仪仗中的标配。这一特点是明代其他帝王陵墓所没有的。

怀顺王墓右侧中门狮

自庄简王墓起，靖江王墓的石仪仗数量增至十一对。其中，门前单置守门狮一对，中门前由外而内分别为望柱、石狮、石羊、石虎、麒麟、武士驭马、石象、文臣各一对，享殿前有男女侍各一对。与以往相比，神道石仪仗新增了神兽麒麟、巨型驯兽石象及男女侍各一对。显然，这些增设的石雕题材，把作为朱姓藩王的靖江王与其他异姓功臣王及官员的等级地位做了明显区分，靖江王的地位才得以真正地体现。其后的昭和王墓、端懿王墓、安肃王墓皆沿其制，未有丝毫变化。

庄简王墓石虎

王墓探秘

庄简王墓石象

昭和王墓文臣

到了靖江恭惠王墓，虽然神道石仪仗的数量仍保持在十一对，但是神道石雕的题材又有所变化。先前的两对石狮中，置于陵门前的守门狮意图清楚、作用明显，因此被始终保留沿用。而第二对石狮与其他石兽共列，有重复多余的感觉，因此其被替换成了独角的神兽獬（xiè）豸（zhì），这样做显得更加合理，既避免了题材上的重复，又使神兽数量得以增加，使陵墓神圣、威严的气氛更加浓厚。

恭惠王墓獬豸

王墓探秘

恭惠王墓武士驭马

恭惠王墓望柱

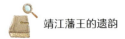

靖江王墓的石仪仗制度，是在明初异姓功臣王规制的基础上形成并逐步完善的，望柱、石羊、石虎、石马、文臣、武臣等异姓功臣王墓神道上最基本的设置，在靖江王墓中始终得到了保留。在此基础上，增设守门狮、神兽和内侍石人，确立了靖江王自己的等级标准，最终形成了列置十一对石仪仗的神道规制，并贯穿始终。

靖江王墓的神道石仪仗具有完整的时间延续性，脉络清晰，变化规律明显，使我们清楚地看到其制度化的过程。毫不夸张地说，靖江王墓神道石仪仗是一部具有地方特色的石雕艺术通史。

### ◆ 王墓区外的采石场

历经数百年沧桑，独秀峰前的靖江王府那斗拱飞檐、雕梁画栋的王宫殿宇，以及尧山脚下的王墓群中红墙绿瓦、庄严华丽的园寝建筑，均早已消失殆尽。如今所见到的都是只剩下石构的遗存，无论是王府宫城城墙、承运门与承运殿的须弥座台基，还是尧山脚下十一座王墓茔园中的建筑遗址都是如此。靖江王营建藩邸、营造坟茔都需要大量的石材，尤其是王墓群中规模庞大的石像生，这些石料究竟来自何处？

桂林属于喀斯特地貌，峰林密布，石山众多，并不缺少石材。当地老百姓也有采石料用于营建的传统，但民间营建用料一般规模不大，往往就近取材即可满足。但王府、王墓的营建，石材用量之大绝非零敲碎打可以满足的，必须有一定规模的集中开采。

王墓探秘

考古调查发现，在桂林市西郊著名的景点芦笛岩内，保存有一则明代靖江王府采石匠人书写的壁书："靖江王府敬差内官典宝周禧、郭宝、孟祥带领旗校人匠王茂祥、张文辉等数十人采山至此，同游。丁丑岁仲夏十有六日记。"壁书的文字虽简单明了，但其中包含的历史信息之丰富，绝非现代诸多旅游景点里常见的"某某某到此一游"之类的涂鸦所能相提并论。

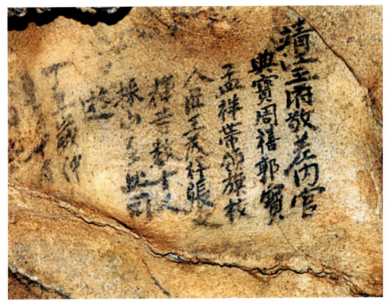

桂林市西郊芦笛岩内的壁书

这则壁书是直接用笔墨写在岩壁上的题记，未经雕刻却能长久保存下来，弥足珍贵。壁书的发现，不仅证实了靖江王府当时设有专门官员负责石材的开采工作，还揭示了开采队伍规模之庞大，达到了"数十人"。桂林城西都是石山，城边就有骝马山、西山，远则从侯山到芦笛岩连成一片。这些石山都可以为营建王府提供石材。

桂林城东的王墓群所使用的石料也来自城西吗？王墓群和王府之间隔着漓江，大规模的石材运输有必要渡过这如天堑的大江吗？一块切割成块的基础石料重达上百斤，那些整石雕琢宽厚高大的石像生，每尊的重量都有数千斤。从十几千米以外的地方运送过来如此巨大的石材，还要渡过漓江，弄不好还会船毁人亡！城东本就有众多的石山，何必舍近求远自找麻烦呢？营建王墓所需石料一定是就近取材，王墓群周围的石山中一定会有当年采石的遗迹。

基于上述疑问，考古人员决定深入王墓群周边的石山进行查勘。喀斯特石山地势陡峭，树灌丛生且蛇虫众多，查勘工作异常艰巨。但幸运的是，他们很快便在王墓群西南侧边缘的几座石山上发现了古代采石场的遗迹。

在端懿王墓正前方的明天山东面，几片巨大的凿开剥落的天然石料散落在山脚。考古人员在测量查勘这些散落的石料时，附近挂子山村的几位老人主动前来提供线索，他们告知考古队员，这些石料是古时候从山上撬下来的，并指出山上还遗留有米凿石料时插入石头缝中至今无法拔出的铁钎。顺着老人们手指的方向，考古人员可以清晰地看到，在距山顶约50米的半山

王墓探秘

腰处，有一处明显的凹陷，这很可能是古代采石留下的痕迹。山上没有路，考古队员手脚并用地尝试往上攀爬，可惜山势太陡峭，只能感叹没有当年采石匠的本事。

就在考古队员望而兴叹的时候，那几位老人再次提供了新的线索，旁边的弯子山也有采石场。几位热心的村民带着考古队员来到弯子山。山下现仍遗留有当年采凿下来的石料，石料上保留楔子状的铁钎凿孔。在离地面约3米高的地方，有一条可以容纳一人平躺的天然横向岩石裂缝，像一个小岩洞。考古队员在石缝的岩壁上发现有阴刻的文字和图案。这些文字和图案都很草率，字体不是很规整，雕刻得比较随意，仿佛是随兴而作、信手拈来，明显不是文人题刻。文字如同初学写字的人所刻划，隐约看出有"王府匠人""永生""门生""天子""洪武"等字，这些文字显然都与明代靖江王有关。刻划的图案都是动物形象，线条粗率不合比例，一个看似羊，一个看似奔马，还有一个看似蹲坐在地上的老虎，它们都和靖江王墓的部分石像生对应上了。这个小岩洞一定是当时来这里采凿石料的靖江王府工匠工间乘凉或休息的地方，他们还随手雕刻了这些与工作相关的图文。

弯子山东面百来米处是万山，万山北面偏东的地方山势较低矮，山体因采凿石料后形成斜直的断立面，还有剥离山体后遗留在现场的大块石料。这个地方有一个特别的名称叫"断马脚"。据村民回忆，以前这里有一尊和王墓石马一样的断脚马，马的右前腿是断的，1980年村里修路时把石马砸烂拿去做石料了。万山东北，在恭惠王墓的东面紧靠尧山的位置，有一座独

立的小石山，当地村民称为"横山底"，西北面的山崖有明显因取石而形成的斜直断立面。村民告诉考古队员，这里原来有一块刻有文字的残石碑，大小和王墓的神道碑差不多，后来也被砸碎了。

与王墓石马、石碑一样的断脚石马、巨大的石碑都出现在不能葬墓的石山脚下。这些石马、石碑应该是就地取石现场雕琢但还没移运到墓地就被废弃的半成品，这两个地方也是王墓的采石加工场。

横山底采石场远景

弯子山采石场石刻拓片

弯子山采石场石刻拓片

考古就是这样，若遇到一些无法解释的问题，那就到田野中去实地踏勘，现场的遗迹遗物会给出答案。靖江王墓周围几处采石场及废弃石刻遗迹的发现，是靖江王墓石料就近取石现场雕琢的实证，也解答了靖江王墓使用石料来源的问题，即绝大部分石料都是采自附近的石山。

### ◆ 王、妃合葬的地下宫室

魏文帝曹丕曾说："自古及今，未有不亡之国，亦无不掘之墓也。"在我国自古就有"视死如视生"的传统观念，人们认为死者虽死犹生，死者还会像活人一样在另一个世界生活，故应为其备下金钱以供日常开销，并随葬生活必需品，如金玉器物、布帛绸缎、家具什器、书画玩物等。于是大量的财物珍宝被埋入了墓中。这些随葬的财产向来就是盗墓贼所觊觎的，盗墓行为自古就没停止过。

靖江王墓在历史上屡遭盗掘，最猖獗的是在民国军阀割据的时代。传说桂系军阀曾以军事演习的名义组织军队进行盗挖，整个王墓群里的古墓十室九空。王墓封土高大且标志明显，每个封土堆上往往都会有几个盗洞，屡见不鲜。即便是小型宗室墓，只要略有堆土，就会被直接挖开墓冢，简直惨不忍睹。

1972 年 9 月，广西壮族自治区博物馆和桂林市文物管理小组共同组建靖江王墓考古发掘工作组，对早年已遭盗掘的安肃王墓和宪定王墓进行了发掘。安肃王墓是第七代靖江王朱经扶与王妃徐氏的合葬墓，营建于嘉靖五年（1526 年）。宪定王墓则是第十一代靖江王朱任晟与王妃白氏的合葬墓，营建于万历

王墓探秘

1972 年 9 月安肃王墓地宫发掘现场

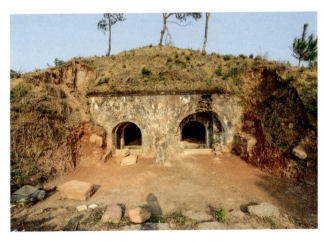

宪定王墓地宫

三十六年（1608 年）。

这两座墓都是双室砖券墓，因此都采取常见的砖石墓发掘方式，从封土前端清理封土寻找墓门。王墓门前都垒叠了一层厚厚的封门片石墙。安肃王墓封门的片石有 700 多块，基本是没有雕琢的毛石，每块都重达百斤左右，散乱地堆叠在一起，石与石之间灌满石灰浆黏合加固。宪定王墓墓门前的石墙用 500 多块经过修整的石块叠砌，颇为规整，有些石块上还凿有"天""子""干""黄""刘""了""中""之""才"等字样。显然，这墓门前的封门石墙就是为了防盗而设的。

两座墓的墓室都很简单，为并排的两个长方形砖券室，面积均不足 20 平方米且结构一致，分别埋葬王和王妃。券室后半部砌有棺床，侧墙上各开有壁龛，券室后墙有头龛。在安肃王墓墓室里，发现了两个盗洞，一个盗洞在墓门门墙的后侧，完美避开了封门石墙；另一个盗洞则直接从墓顶挖穿券拱砖，正对着棺床。宪定王墓只有一处盗洞，在墓门顶部，同样避开了封门石墙。

墓葬考古有时很无奈，很多时候就是去清理盗墓贼挖掘后的"残羹冷炙"，做"打扫战场"的工作。两座王墓基本被盗空，只是在墓室浮土中还残留着少量陶瓷器和一些细碎的随葬物品，如安肃王墓中还残留有十几块小玉片和錾刻有"长生不老""永寿无穷"的金银箔钱，以及一些铜制的箱匣五金配件。宪定王墓中出土的随葬品则更少。值得庆幸的是，两座王墓都出土了王和王妃的墓志，确定了墓的主人。

"长生不老""永寿无穷"金币

"长生不老"银币

金帽铜钉

银耳勺

"百年增福禄千岁永团圆"铜条

铜勺

1972年安肃王墓、宪定王墓地宫发掘出土的文物

金饰残件

鎏金银器盖

银筷

银帐钩

"九土九廿"舌形银牌

铜剪刀

1972年安肃王墓、宪定王墓地宫发掘出土的文物

王墓探秘

### ◆ 靖藩遗萃青花梅瓶

由于靖江王墓群屡遭盗掘，十室九空，在中华人民共和国成立后，尽管多次开展专项考古调查勘探、发掘，但始终未能深入了解和全面掌握靖江王墓完整的随葬品状况。从前无论是民间的盗墓小贼还是肆无忌惮的地方军阀，他们所求只是那些能直接变现的金银和宝石玉器，对墓中随葬的陶瓷瓶罐往往不屑一顾，这才让"打扫战场"的考古人员，收获了可怜的"残羹冷炙"。考古人员在清理被盗后的靖江王墓群墓室时，都能出土一些陶或瓷制的梅瓶，其中虽有些梅瓶保存完整，但多数已被打成碎片。由此可以证明，随葬梅瓶是明代靖江王府体系中治丧营葬礼仪中的一个显著特征。

梅瓶"口细而颈短，肩极宽博，至胫稍狭，抵于足微丰，口径之小仅与梅之瘦骨相称，故名梅瓶"。其瓶身线条优雅挺秀俏丽，堪称中国陶瓷中最优美的器型。梅瓶出现于唐代，宋代称为"经瓶"，其最初是一种装盛酒水的容器。元代时梅瓶为蒙古贵族所宠爱，景德镇的窑工成功烧制出釉下白地青花瓷，生产了大批器型硕大饱满的青花梅瓶。这时的梅瓶既做酒器，也是贵族宫室中的陈设。这类元青花梅瓶制作精美而传世稀少，因此极其珍贵。

明代以后，梅瓶除用来盛酒和摆设点缀宫室外，还常用作明器随葬，成为上层统治者等级地位的标志和"风水"寓意的象征。

1972年正式发掘的宪定王墓和安肃王墓都随葬有青花梅瓶。其中，宪定王墓随葬的是一对破碎的青花龙纹梅瓶。龙是

皇家权威的象征，龙纹是皇家专属的装饰。在博物馆收藏的明代梅瓶中，龙纹梅瓶的数量较多，这也证实了梅瓶随葬与靖江王府的关联。

安肃王墓随葬的是一对绘有青花人物图案的梅瓶，出土时一只保存完整，另一只则出现了残破。经过修复后，这对梅瓶竟然惊艳绝伦。经鉴定，两件梅瓶都是明代宣德时期景德镇的产品，造型及尺寸相同，工整端正，美观秀雅，瓷质细腻，釉色匀润白净，极其雅致夺目。瓶身图案都有四层，颈部、肩部和胫部的装饰图案完全相同，腹部分别绘有"携琴访友"和"西溪问樵"的图案，颇富情趣。

在"携琴访友"图中，一高士神态怡然，坐骑徐行。从衣着服饰上看其应为朝廷官员。马前一琴童挟琴引路，马后另一仆人肩担酒食随行，其中一头为箪食，另一头为装酒的梅瓶，非常直观地显示了梅瓶的功能。"西溪问樵"图中同样的高士坐骑马上，一侍从肩扛宝剑在前引路。高士勒马回首向樵夫问路，卸下柴担的樵夫起身拱手回复。两件梅瓶应为一组对瓶，其画意都源自"高山流水遇知音"的典故，描绘传说中俞伯牙、钟子期相遇相知的故事。画中一琴一剑，相互呼应，如同文武合璧，构图相仿，画风一致，笔法流畅，显然是出自同一画师之手。

这对梅瓶不仅完美展现了明代青花瓷的艺术成就，还体现了古代工匠的巧思与匠心，更彰显了中华民族博大精深的文化底蕴。这对原本被盗墓贼不屑一顾的青花梅瓶，现已成为桂林博物馆的镇馆之宝。

靖江王墓出土的梅瓶（桂林博物馆供图）

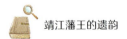

靖江王墓出土的梅瓶（桂林博物馆供图）

王墓探秘

青花梅瓶上的绘画除龙凤和人物故事外，还有各种寓意吉祥的花鸟鱼虫图案，可以说包罗万象。在 1981 年开始的第二次全国文物普查中，昭和王墓就出土了一件青花鱼藻纹梅瓶。其造型古朴庄重，胎体厚实大方，釉面微透灰白，青花发色深沉浓艳。瓶身绘有两组荷花随风摇曳，荷花间有鲫鱼、鲤鱼各一尾，悠然自得地游弋于荷塘之中，栩栩如生。鱼藻纹是传统的吉祥图案，意喻"富贵有余"。

梅瓶原本是用来装酒的。1983 年 5 月，温裕王墓出土了一件青花高腰双龙抢珠带盖梅瓶。出土时，瓶盖被拌有糯米浆的石灰膏封得严严实实。考古人员打开瓶盖后，惊奇地发现这个梅瓶里面居然还装有酒，而且酒里还泡有 3 只未长毛的乳鼠，以及红枣、荔枝、龙眼等各种滋补的中药材。可惜当年对出土文物的保护条件和水平有限，这瓶埋藏了 400 多年的乳鼠酒在出土之后未能保存下来。

桂林博物馆收藏了近 300 件明代梅瓶，其中青花梅瓶就有约 250 件，大多是在靖江王墓群范围内发掘出土和征集而来的。这批梅瓶数量之多、品种之全、工艺之精，世所罕见，是明代靖江藩王留给桂林的一笔宝贵的文化遗产，为桂林历史文化名城的文化底蕴增添了厚重的一笔。

靖江藩王的遗存，作为靖江王镇守桂林、绥靖南疆、维护地区稳定及推动文化发展的有力见证，构成了中华文明传承序列中的一环，同时也是桂林这座历史文化名城不可或缺的组成部分，蕴含着深厚的历史价值、艺术价值及科学价值。1996 年，以"靖江王府及王陵"为核心的靖江藩王遗存，被国务院列为第四批全国重点文物保护单位。2006 年，靖江王府及王陵被国家文物局选定为全国首批百家大遗址之一。2010 年，靖江王府及王陵被列入首批国家考古遗址公园立项名单。

靖江王府及王陵按照"府陵一体系统保护利用，完整阐释遗存的国家意义，以文塑旅，以旅彰文，为桂林世界级旅游城市建设提供核心文化支撑，为全国大遗址保护利用在岭南地区的实践创建桂林范例"的总体思路，形成了"古建筑与古墓葬结合，复原展示与遗址原状展示结合，府陵地上遗存展示和地宫展示结合，综合性博物馆和专题博物馆展示结合，遗迹遗物静态陈列展示和靖江藩王文化活动动态体验结合"的大遗址保护展示体系，全方位展现靖江藩王遗存价值。2022 年 12 月，靖江王府及王陵正式挂牌成为第四批国家考古遗址公园。

很有幸能与广西文物保护与考古研究所的韦革研究员一起承担本书的撰写工作，他自 2012 年起便领衔主持对靖江藩王遗存的考古调查、勘探及发掘工作，有力地促进了靖江藩王遗存考古研究的深入与发展。我自 1992 年入职桂林市靖江王陵文物管理处以来，长期主持靖江王陵遗址考古、保护与展示工作，在靖江藩王研究领域也算专研了 30 余年。在历经 600 年的沉寂之后，靖江藩王遗存得以重焕光彩，再现其"王者之气"与勃勃生机，我们都是这一过程的见证者和亲历者。

靖江藩王的文化遗存极为丰富，受篇幅所限，本书所记述的仅仅是其中的一部分。成书过程中，得到了广西文物保护与考古研究所、桂林市靖江王陵文物管理处、桂林市文物保护与考古研究中心以及桂林博物馆的全力支持。周有光、贺战武、周华、张阳江、阳灵、钟嘉瑞等为本书提供了部分照片、资料或协助拍摄工作。在此，一并表示衷心的感谢。

囿于认识和时间，书中如有不足之处，还请各位读者批评指正。

曾祥忠

2024 年 10 月

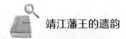